中学受験から高校・大学受験まで役立つ

親がやるべき受験サポート

佐藤亮子　安浪京子

朝日新聞出版

はじめに

　私が佐藤亮子さんを知ったのはかれこれ10年以上前のことです。算数の指導に行く前、時間に余裕があったのでコンビニに立ち寄ると「息子3人、灘に合格！」という見出しの女性誌が真っ先に目に飛び込んできました（当時、お嬢様はまだ小学生でした）。「どれだけすごいDNAの家庭なんだ⁉」と思って立ち読みすると、「3歳までに1万冊の絵本を読み聞かせ」「2歳から公文」など数々の家庭教育が紹介されており、「世の中にはすごいお母さんもいるもんだ……」と驚愕したことを鮮明に覚えています。

　私が中学受験業界に関わるようになったのは大学生の時。当時は神戸に住んでおり、同じ大学の先輩の熱心な勧めもあって、灘中合格者数日本一で有名な浜学園で算数講師のアルバイトを始めました。その後、東京に引っ越して、関東ではサピックス、早稲田アカデミー、四谷大塚といった大手塾が中学受験を牽引していることを知り、それらの塾で講師をしながら関東の中学受験に精通していきました。

　しかし、やはり古巣は気になるもの。ある時、佐藤さんの講演会の広告を見て、「あの佐藤家は浜学園だったのか⁉」と興味を持ち、こっそり申し込みました。

　完璧主義のスパルタママをイメージして参加した講演会は、驚きの連続でした。「テストは全部見直さない」に"そうそう、ほんとにそう！"と首がもげそうになるぐらいうなずき、「子どもはす

ぐサボるから」に"え!?　佐藤家でも!?"と共感したり、「娘と一緒にお風呂に入ってトリートメントしてあげた」にホロリときたり。

　もちろん「ミスはゴミ」とのバッサリ発言には"それはミスが少ないから言えることで……"と心の中で反論したり（笑）。

　でも、何よりおおらかでエネルギッシュな佐藤さんに魅了され、何人かの教育メディアの方に「佐藤ママと対談してみたい」「佐藤ママと共著を出したい」と話しました。

　その機会を実現して下さったのが、『AERA with Kids』の元編集長、江口さんです。私の持っている対談コーナーで場をセッティングして下さり、佐藤さんにお会いするまでに本を何冊か読ませて頂きました。

　私も小学生の息子を持つ身。最初の本の感想は「ここまでできない……」「それは専業主婦だからできることだよね」「ここまでさせるか……」といったものでした。しかし、実際に対談でお会いして、ノウハウはあくまで佐藤さんが自分の子どもたちにカスタマイズしたものであり、その根底には深い愛情があることに強く心を打たれました。

　と同時に、

「私は早く"母親"になりたかった」

「子どもの面倒を見るのは母親として当然の責任でしょう」

との言葉に、さまざまなご家庭と関わってきた身としては、

"佐藤さんほど強い母性を持てない母親もいるんだよな……"

と、いろいろな事例を切なく思い出したりもしました。

　ありがたいことに共著の話が持ち上がり、そのための取材でさ

らに会話を深めていく中で、グルッと一周回って佐藤さんのおっしゃる「母親の責任」の真髄が見えてきました。

子どもの最大の応援団は親である——この一見シンプルで、しかしイザとなると（しかも中学受験では）かなり難しい真理を、とことん追求されたのが佐藤ママである、と。

さまざまなノウハウも、すべては「子どもに負担をかけないため」。そして子どもの生態に関する含蓄(がんちく)も「子どもをとことん見ているから」こそ。

ともすると、一部だけ切り取っていろいろ言われる機会も多い佐藤さんですが、昨今の日本の病理でもある「一部を切り取ってヤイヤイ言う」姿勢、「何でもすぐに答えを知りたがる」姿勢を持っていないかを、一人ひとりが顧みるリトマス紙的な存在だとも言えます。

佐藤さんが本当に伝えたいこと、根底に持っていらっしゃるものをきちんと汲み取り、本質を抽象化・一般化して取り込む姿勢を、中学受験に関わる方だけでなく、すべての保護者の方に持って頂けたらと願ってやみません。

安浪 京子

2章 宿題サポート

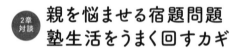 親を悩ませる宿題問題
塾生活をうまく回すカギ

2章
対談

3章 テストサポート

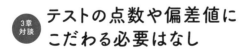

（3章対談）テストの点数や偏差値にこだわる必要はなし

章 過去問サポート

4章対談 関東と関西では受験の傾向も違う

5章 その他のサポート

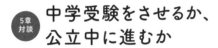

5章対談 中学受験をさせるか、公立中に進むか

学問に王道なし、受験に王道あり

 夫婦関係が中学受験に与える影響

コラム

序 章

受験における親のサポートとは？

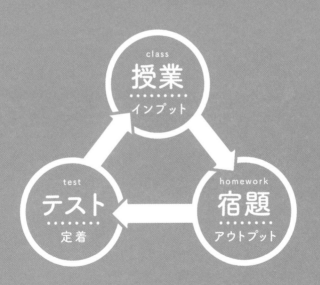

【 受験に「親のサポート」は必須! 】

安浪　佐藤さんといろいろお話しする中で、「受験においてここは大事」と共通するものが多かったですね。ですから今回の本ではその「共通部分」をピックアップしてご紹介できればと。

佐藤　うちは4人とも中学受験と大学受験でしたけれど、**中学受験で得た知見は大学受験でも大いに役立ちました**。違いは、子どもの大きさ! 12歳なんて今思えば本当にちっちゃかった。

安浪　4年、5年、6年生の3年間でもだいぶ変化しますし。私も同じ子を教えていてその成長にビックリすることはたびたびあります。**体だけでなく成熟度合いもです。**

佐藤　中学受験のときは子どもがまだ幼いので、何かと親が横についてサポートしてあげないとダメですね。大学受験のときは自分でできる割合も大きいですが、やはり未熟な子どもという点では同じなので、共通する部分は多いです。

安浪　佐藤家のように４人のお子さんが東大理Ⅲというすごい家でも「親のサポートが必要」と言い切られるのはすごく勇気がわきますね。そのサポートの内容ですが。きっと読者の皆さんは、佐藤さんは「あらゆる面で完璧にサポートしていた」とイメージしていると思うんです。ですが、お話を聞いていくと、ちょっと違う。やるべきことを絞り込んでそれを徹底的にやっていらっしゃる。

佐藤　それは意識していました。子どもなのでキャパに限りはあります。あれもこれもやらせてはダメだと思いました。

安浪　中学受験の場合、取り組むのが小学生だからこそ、やり過ぎると嫌になって脳がシャットダウンしてしまう事があるので要注意です。

佐藤　いろいろやらせるのではなく、どこでつまずいているのか、何がわからないのかを見極めていくことが大事ですよね。まんべんなくやらせても伸びません。それにはやはり親が横について丁寧に見てあげないと。ただ「やりなさい」と言うだけでなくね。

授業→宿題→テストを
いかに回していくか

安浪 そこは私の指導法もまったく同じなんです。**子どもひとりひとりの能力や特性に合わせて、できるだけやることを絞り込んで、基礎をいかに盤石にしていくか。**

佐藤 お母さんたちは逆なんですよね。不安になってあれも、これもといろいろ手を広げてしまう。子どもは結局それをこなせない、それに対して叱る、となってしまったら負のスパイラルです。

安浪 とはいえ、親御さんたちも"受験親1年生"の場合、「手を広げすぎるな、絞り込め」と言われてもピンとこないかも……。

佐藤 まずは**日々の授業をしっかり聞いてインプットする。そして宿題でアウトプットし、復習テストで知識の定着をはかる。**この3つをうまく回していくことを第一に考えるべきでしょう。

安浪 同感です。「授業→宿題→テスト」、この三角形の流れ

受験の「最重要三角形」

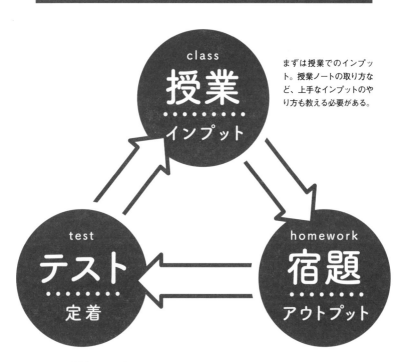

まずは授業でのインプット。授業ノートの取り方など、上手なインプットのやり方も教える必要がある。

テストで定着をはかる。とはいえ、たくさん間違いがある場合、一度に定着は無理。見直しの仕方も大事になる。

宿題でアウトプット。大量の宿題をどうやりくりしていくか、スケジュール作りや取捨選択などのサポートも必要。

をうまく作っていける子は伸びていく。これはすべての受験に当てはまることですね。

佐藤 ただこれを小学生ひとりで回せる子はほぼいないと思います。**結局、私がやっていたことは、勉強を教えることではなく、この三角形を回すサポートをすること**、ですね。

安浪 私は算数の家庭教師ですから、この「授業」部分のサポートがメインの仕事です。つまり、お子さんが塾の授業で理解できない部分を補強してあげることになりますが、ここは専門スキルが必要です。佐藤さんはこの部分は手を出されていなかったんですよね。

親の「前仕事」「後仕事」とは?

佐藤 親にとって算数のサポートはいちばん難しいですね。うちは浜学園の先生に頼っていました。あとは次男、三男、長女はみな算数が得意だった長男に教えてもらっていましたね(笑)。私がやったことは、算数のテキストをコピーして一問一問、問題をノートに貼ってあげたりしていました。

■ 佐藤ママの「前仕事」の例

ノートに問題番号を1ページ1問ずつナンバリングして、式や図をゆったり書かせるよう工夫。(100〜101ページ参照)

安浪 子どもが問題を解きやすいよう、「前仕事」をされていた、ということですね。

佐藤 そうです、そうです。まさに「前仕事」。切って貼って切って貼って……。それを4人分やったので、コピー用紙やノートの消費量は膨大です。あと、宿題ノートにあらかじめナンバリングなどもしていましたね。

安浪 理科や社会はどのようにサポートされていましたか?

佐藤　理科や社会、国語の知識系問題は間違った問題をまとめた「必殺ノート」(109ページ参照)を作っていました。**算数が「前仕事」ならこちらは「後仕事」ですね。**

安浪　なるほど。**直接教えるのではなく、「前仕事」と「後仕事」を徹底してやる。**これは読者の方にも参考になりますね。

子どもの手間を省き
解きやすくする

佐藤　そもそも、私がノートづくりをやろうと思ったきっかけは長男が塾に通い始めたとき、いつもはきょうだい4人で遊んでいたのに長男だけ塾に行かなければならないのがかわいそうに思ったからなんですね。ノートを渡すだけでパッと問題が解けるようにしてあげて、**手間を省いて遊ぶ時間を確保してあげたい**と思ったんです。

安浪　なるほど。佐藤さんにとっての「前仕事」や「後仕事」は勉強ファーストかつ効率重視、ということだけではなかったんですね。

佐藤　そうですね。けっこう子どもたちは喜んでくれて、大学受験のときも、ノートづくりをしてあげていました。「あのノートはありがたかったな」と今でも言ってくれています。

安浪　子どもが喜んでくれる、って大事ですよね。**私は授業のと**

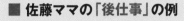

■ 佐藤ママの「後仕事」の例

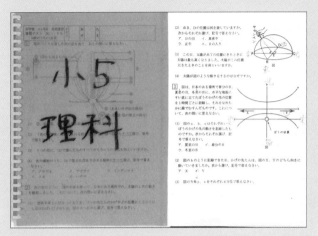

復習テストに穴を開けてリングで綴じ、見直ししやすいように工夫。
月一のテストは基本、復習テストの見直しで対応。（149ページ参照）

き、大切な問題を手書きしています。こうすると下の余白に図や
式を書けるので解説しやすいですし、子どもも解きやすくなりま
す。

佐藤　なるほど。私も子どもたちのためにいろいろ作りましたけ
れど、**実はムダになったものも多いんです**よ。せっかく作っても
やってみたらいまひとつ効果がなかったり、子どもに「これはい
らない」と言われてしまったことも。そんなときはスッパリ引き
下げていました。

安浪　親はつい「ママがせっかく作ったんだからやりなさい」と言ってしまいがちですが、そこも佐藤さん、潔いですね。

佐藤　結局はいかに子どもの立場になってあげられるか、だと思うんです。「これやろう」と言ったら子どもがニコッて笑ってくれるのが理想。押し付けると嫌になります。

親の「よりそい」が子どものやる気を生む

安浪　私も指導をしていて、いかに子どもに寄り添ってあげられるかに心を砕きます。まずは信頼関係がないと子どもは聞く耳を持ちませんし。そのあたりは中・高校生を教えるより小学生のほうがシビアかもしれません。

佐藤　やはり子どもにとって受験勉強ってしんどいものです。ノートを作ってあげたり、丸つけをしてあげたり、シールを貼ってあげたり、何でもいい。親が一工夫手をかけてあげるだけで子どもは喜ぶし、やる気も出るものです。

安浪　「そこまで手をかける時間はない！」という親御さんもいらっしゃるかもしれませんが、手をかける、かけないの問題ではなく、いかに「心をかける」というか……。塾弁だってコンビニのおにぎりをはい、って渡すより親に握ってもらったおにぎりがあると嬉しいじゃないですか。それと同じですね。

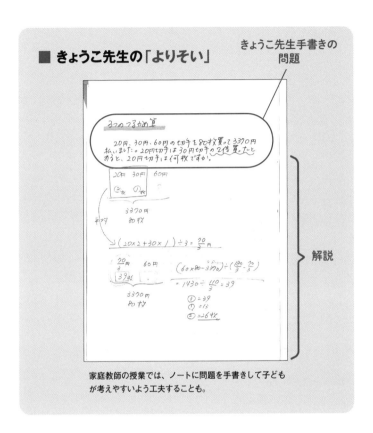

家庭教師の授業では、ノートに問題を手書きして子ども
が考えやすいよう工夫することも。

佐藤　まさにそうです。親にとっては面倒くさいけれどそれも子
育ての楽しさではないでしょうか。

安浪　では28ページからは佐藤さんがやってきたサポート、そし
て私が今指導の現場でやっているサポートをたっぷりご紹介して
いきたいと思います。

装丁・本文扉	小口翔平＋畑中茜（tobufune）
本文デザイン・DTP	ヴァック・クリエイティブ、今井智恵美、渡辺里香
写真	朝日新聞出版写真部（掛 祥葉子、戸嶋日菜乃）
撮影協力	道馬軒写真館
校閲	若杉穂高
編集協力	黒澤真紀
編集	江口祐子

1 章

授業サポート

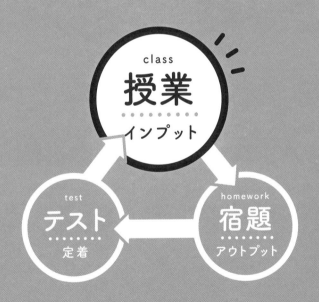

塾のテキストは
子どもにとってやりにくい!?

安浪 今日は私が持っているいろいろな塾のテキストを持ってきたんです。佐藤さんに見てもらおうと思って。

佐藤 私、浜学園しか知らないですからね。でも、講演会でも本当に塾のお悩みは多いです。

安浪 **塾に入ると、大量のテキストをもらうと思いますが、まずはそこで圧倒されてしまいますね。**

佐藤 私も長男が初めて塾に入ったときはびっくりしました。小学生がこんなにやるの?って。でもすぐに**「賢くなるためにはこれぐらいやらないとダメなんだな」**と思いましたね。

安浪 さすがです。

佐藤 子どもがやるテキストを全然見ていない保護者が多いですが、**まずはざっとでいいから、「子どもはどんなことを勉強するのかな?」という感じでテキストに目を通してもらいたい**ですね。せめて目次だけでも。

安浪

その上で家庭教師の立場から言わせていただくと、**塾のテキストって子どもにとってやりやすい設計になっているものがほとんどないん**です。

佐藤

そうなんですね。改めてここにあるテキストを見ると、テキストの作りって塾によってすごく違うんですね！解説ページもテキストによってまちまちですね。

塾に入るだけでは賢くならない

安浪

塾はテストがあるし、宿題も出してくれるけど、ノートの書き方は教えてくれないし、どこでつまずいているのかまでは教えてくれません。

佐藤

塾の先生は教えるのはプロかもしれないけれど、**ひとりひとりの面倒まではみてくれない。やはりそこは親がやらないと。塾という魔法の箱に入れればポーンと賢い子が出てくるなんて思っちゃダメ**です（笑）。

安浪

まず親御さんたちには、子どもがきちんとノートを書いてきているか見てほしいです。塾の授業は主にインプットですが、そもそもノートをきちんと取ってないとインプットできない。

佐藤

もちろんです。授業を聞いているだけで知識が入って
くるかというと大間違い。

安浪

**算数の場合、ちゃんと式や図を書いているかどうか
はひとつの見極め点**です。そこは保護者の方にしっか
りチェックしてもらいたいところです。

ノートは余白が大事
子どもが書きやすい工夫を

佐藤

**子どもに式や図形をしっかり書かせるコツは、余白の
大きいところに書かせる**、ということですね。白紙の
部分がいっぱいあるとできそうな気がするけど、チマ
チマしていると頭の中が狭くなる。

安浪

余白はすごく大事です！

佐藤

算数だけではなく、子どもが漢字を間違えると、小1
が使うようなマスの大きなノートに書かせていたりし
ましたね。そうすると、トメ、ハライや線の長さなど
が誤魔化せなくなる。

安浪

**まず大きく書かせてみることは本当に大切です。そ
れだけで自分のミスが見つかったりします。**でもこれ
も日々の練習が必要です。例えば、式をきちんと書ける

ようになってもすぐには点数には結び付きません。しかし、子どもにとって式が書けるようになったことは大きな進歩。ちゃんと褒めてあげてほしいですね。

佐藤

子どもたちが楽しく書けるような工夫をするのもいいですね。私もいろいろやりました。ノートの色を変えてみるとか、文房具もいろいろ用意してみるとか。**そうすると面倒くさいこともちょっと楽しくなる**。「書きなさいよ」って精神力で追い詰めても結局、子どもはやらないと思うんです。

安浪

それこそ親ならではのサポートですね。**塾のテキストも少し親が手を加えてあげるだけで子どもはうれしいもの**。それにしても佐藤さんはそれを4人分やったんですよね。すごい。

佐藤

作業自体は苦痛ではなかったですね。**とにかく子ども達には手間を省いて、問題を解くだけにさせたかったんで**す。でも冒頭でもお話しましたが、いろいろやってもムダになったものも多かったです。親がどんなに頑張って作っても、それを子どもが全部やるかどうかわかりませんから。

安浪

そこです！ **親はつい効率よく最適解を求めたくなりますが、ムダはあって当然、ということですね**。やるか、やらないか、できるか、できないかは子ども主体に考える……親のサポート術として、とても大切なことだと思います。

安浪
advice
Yasunami

塾で渡された
カリキュラムを
見ずして
サポートはできない

☑前仕事　☐後仕事
☑よりそい

「子どもが何を勉強しているか知らない」
になっていませんか？

- Point -

カリキュラムで勉強内容の大枠をつかむ

　わが子の勉強に対する親の関心の有無を見分けるのは簡単です。それは、「今、子どもが何を勉強しているかを把握しているかどうか」です。

　指導でうかがうと、親の反応は２つに分かれます。「今週の通過算、ちょっと苦戦していたみたいです」「いよいよ電流が始まりました」など、具体的な単元名が出てくるご家庭。「また平均点以下でした」「相変わらず算数がダメでした」というご家庭。

　どちらが成績を伸ばしやすいかといえば、もちろん前者です。なぜなら、漠然と「算数ができない」と思ってやみくもに勉強するのと、苦手単元を把握して取り組むのとでは学習効果が全く異なるからです。

テキストを見る前に全体のカリキュラムを見る

　とはいえ、４〜６年で勉強する４教科の主な単元だけを挙げても相当な量になります。(31、35ページ参照)。親がテキストを見ても「どの単元かさっぱりわからない」ということも当然あります。そこで使えるのが「カリキュラム」です。

　塾では新年度にカリキュラムが必ず配られます。そのカリキュラムには必ず目を通し、「この一年でこういうことを勉強するのね」と大枠だけでも親がつかんでほしいと思います。きっと「こんなに色々なことを勉強するんだ」と驚かれるのではないでしょうか。

そして、できればテキストにも目を通し、レベルと量をざっと把握しましょう。それをせずして「いつまで宿題やってるの！」「どうしてこんな点しか取れないの！」と言うのは、さすがに無責任です。

サポートする内容を具体的にイメージする

「これだけの量をどうすれば回せるかな」「歴史は自分でできそうだけど、地理は手伝ってあげないとな」と親が目星をつけておくことで、生活リズムを見直す、塾の質問教室を活用する頻度、外注の検討など、具体的なプランが浮かびます。実際、家庭教師を検討しているご家庭の話を聞くと、「ここを改善すれば点が伸びる」「まだ家庭でできることがたくさんある」ということも多々あります。

毎日取り組む「計算と漢字」もそうです。

中身も見ずに「毎日、それぞれ10分」というのはあまりに強引です。子どもによって、それぞれにかかる時間は異なります。最初は横についてどの程度自力で進めていけるか、どの程度時間がかかるかを親が把握し、その上で日々のスケジュールにどう組み込むか、親子で一緒に決めていきましょう。

わが子が通う塾の授業の様子は、テキストやカリキュラムで知ることができる。塾によってテキストやすすめ方はまちまちだ。

写真／著者私物

■ 4・5・6年　国語・算数の単元例

	国語	算数
4年	物語（場面、心情、できごと）	数の性質、およその数、整数のかけ算・わり算
	説明文（指示語、話題、接続語、理由、要点）	計算のきまり
	詩	植木算、周期算、和差算、分配算
	表現技法	消去算、小数のたし算・ひき算
	文の組み立て	小数のかけ算・わり算、角
	記述	長方形と正方形の面積
	漢字の音訓、部首	三角形と四角形の面積、数列、直方体と立方体、体積・容積
	慣用句、ことわざ	平均、単位量あたりの大きさ、割合
	辞書の使い方	速さ
	物語のまとめ	倍数と約数
	説明文のまとめ	円とおうぎ形
5年	物語（人物像、できごと、話題）	分数のたし算・ひき算・かけ算・わり算
	随筆文（主題）	過不足算、つるかめ算、年令算・倍数算
	説明文（話題、要旨、段落、主張）	相当算、仕事算、ニュートン算、てんびん算
	論説文（問題提起、主張）	角・面積
	俳句、短歌、詩	規則性、場合の数
	同音異義語・同訓異字	速さ、旅人算、線分図、通過算、流水算、時計算
	文節、主語、述語、修飾語	割合、食塩水、売買損益
	文法（品詞）	比、百分率と歩合
	敬語	線分比と面積比
	記述問題対策	立体図形、平面図形
6年	物語演習	数の性質、数と規則性総合
	随筆文演習	特殊算まとめ
	説明文演習	和と差に関する問題、規則性に関する問題
	論説文演習	割合総合
	俳句、短歌、詩演習	文章題総合
	記述問題対策	平面図形総合、立体図形総合
	総合演習	総合演習
	入試実践演習	入試実践演習

各塾のカリキュラムを参考に編集部でまとめたもの。国語は4年で基礎力をつけ、5年からはより高度な読解力をつける。文法や慣用句などの知識もつける。算数は4年生では基礎的な学力をつけていくが、5年で一気に難しくなる。

佐藤
advice

Sato

塾のテキストは
子どもにとって
親切設計でないことも。
だったら親の出番!

☑前仕事　□後仕事
☑よりそい

「わが子が使えそうか」の目線でチェック

テキストは使いにくそうならアレンジしてあげても

　塾に入ると、大量のテキストや問題集をもらいます。その量に圧倒されて、「うちの子はこれができるだろうか?」と不安になってしまうお母さま方は多いと思います。私も長男が初めて塾に入ったときはその量にビックリしました。

　不安もよぎりましたけど、「これぐらいやらないときちんと理解することにならないのだな」と思い、学ぶことに対して背筋が伸びる気がしました。

　そもそも、もらってきたテキスト、みなさんはどうしていますか? そのまま本棚に直行していませんか?

わが子の勉強する姿が目に浮かぶかどうか

　テキストや問題集もパラパラとめくってみて、これを使って自分の子どもが勉強している様子を想像してみましょう。

　見やすいレイアウトになっている?　問題と問題の間にどれぐらいスペースがある?　この項目はうちの子、苦労するかな? などいろいろ想像すると心構えができますよ。

　もし、「余白が少ないな」「ちょっと使いにくそうだな」と思ったら、お母さんが手を入れて使いやすくアレンジしてあげたほうがいいかもしれません（94ページ〜参照）。

算数の問題集などはよく見ていくと、だんだん「問題作成者の考え方」がわかるようになります。私は長男の最初の頃は、計算問題などをノートに大きく書き写していたんですね。コピーをするより私の字でわかりやすく書いたほうがいいと思ったからです。書き写しながら、問題一問一問がなぜそこに配置されているのか、どうしてこの問題が必要なのか？ということを考えました。

　そうすると、10問の計算問題があると、①から④まではこれを習得させたいんだなーというのがわかる。④から⑤になるときに少し難しくなるんだけど、いきなり上げるのではなく、微妙なハードルの上げ方をしている。そこに塾の先生の愛情を感じたりしていました。

テキストの「はじめに」で涙したことも

　あと、浜学園の小6の国語のテキストの「はじめに」を私は楽しみにしていました。子どもはその次の問題を解くのを急ぐので読んでいないようでしたが。その「はじめに」は、いよいよ受験学年になった6年生に送るエールが書かれていました。「受験をがんばれ」というような単純な言葉ではなく、心から温かくなるような元気が出るような文章なんです。私は、感動していつも涙をふきながら読んだものでした。

　親も塾に子どもを行かせるだけではなく、テキストを読んでみたり何を習っているのか興味を持ってみたりすると子どもの勉強がわが事になるし、子どもとの会話にもつながっていくので塾がすごく楽しいものになります。

　「この塾を、そしてテキストを信じてやらせていこう」という覚悟

を持てるか、持てないかでも塾との関わりに大きな差が出てくると思います。

■ 4・5・6年　理科・社会の単元例

	理科	社会
4年	植物（植物の体、光合成、呼吸、蒸散など）	地図記号、地図の見方
	動物（動物の分類、特徴など）	日本の地形
	大地のつくり	日本の気候
	天体（太陽／星／月）	日本の国土
	水の変化	わたしたちのくらし
	もののあたたまり方	農業
	ものの燃え方、空気	畜産業
	水溶液の性質	水産業
	てことてんびん	林業
	天気と気温	工業
	電流・磁石と電磁石	伝統工業
5年	植物（発芽、成長、光合成など）	工業
	天体（星と星座、太陽系など）	エネルギーと資源、貿易
	動物（昆虫、セキツイ動物）	環境問題
	化学（気体、水溶液と金属の反応）	日本の国土と人口
	化学（中和、燃焼、化学変化）	地理のまとめ
	物質とエネルギー（音、光）	旧石器、古墳、飛鳥時代
	気象（気温と地温の変化など）	奈良、平安、鎌倉、室町時代
	地質（大地の変化など）	安土桃山時代、江戸時代
	人体（呼吸、消化など）	明治、大正、昭和時代（終戦まで）
	電気（豆電球、乾電池）	戦後以降、現代まで
6年	力学（てことてんびん、かっ車、ばね）	地理のまとめ
	力学（輪じく、浮力、計算）	日本国憲法と人権
	電気（回路、電熱線）	国会、内閣、裁判所
	実験器具	地方自治、財政、社会保障
	熱、体積の変化	世界の国々、国際社会
	環境問題	歴史のまとめ
	化学総合	公民のまとめ
	総合問題	時事問題

各塾のカリキュラムを参考に編集部でまとめたもの。理科はおもに「生物」「物理」「化学」「天体」の4つの分野に分かれ、各学年でそれぞれの分野を履修。社会は「地理」「歴史」「公民」が柱。地理から始まり、5年の夏期講習以降、歴史に入るところが一般的。

安浪
advice
Yasunami

子どもの授業ノートをチェック！実はノートの使い方を知らない子は多い

☑前仕事　□後仕事
☑よりそい

ぐちゃぐちゃのノートでは絶対伸びない！

- Point -
子どもの自己流ノートを放置しない

勉強するにはノートが必要です。

なぜノートが必要かといえば、

■ ノートに書くことで思考を整理する

■ 学習内容が積み上がっていく（見返すことができる）

■ 子どもによって必要なスペースが違う

からです。ノートではなく裏紙やルーズリーフに書いてどんどん捨てていくスタイルの家庭もあるようですが、それでは以前どのように解いたかを振り返りたくても、見返すことができません。

ノートの基本ルールを教える

近年はタブレットにペンツールで書き、終わったら消去する家庭も出てきました。

そういう方の中には書いたページを保存しているケースもあるようですが、いったん保存したページをいちいち開くことはめったにありませんし、何より入試は紙に鉛筆で答えを書きます（これからタブレット入試も増えるかもしれませんが）。

まずはノートをたくさん用意しましょう。よくあるのが次ページのようなパターンです。

■ 1冊のノートに授業内容、宿題が混ざっている
■ 色々な科目が混在して「何でも帳」のようになっている

　皆さんのお子さんのノートはいかがでしょうか？
　小学校では、低学年のうちは科目ごとにノートを指定され、ノートの使い方も丁寧に指導されますが、学年が上がるにつれてきめ細かい指示や指導がなくなってきます。まして、中学受験用のノートの使い方を教えてもらう機会などありません。まずは、

■ 科目ごとに分ける
■ 目的別（授業用、宿題用、特訓用など）に分ける

といったハード面を、親が整えてあげましょう。

教えなければ書けないのは当たり前

　そして、大問題なのが「中身」です。
　ノートの「書き方」を教えてあげないと、右ページのようなノートになる子が多数です。
　私の授業では、

■ 消しゴムを使う　　■ マスに沿って書く
■ 左から詰めて書く（算数）　　■ 字の大きさをそろえる

ことをまず徹底します。これを知らない子が本当に多いですね。とはいえ、すぐにすべてできるようにはなりません。毎回、「ほら、

消しゴム」「はい、左から詰めて書き直し」と根気よく言い続けます。

　また、式や線分図の書き方はもちろん、線の引き方を教えたり（下から上に書く子がいる）、デシリットルの「ｄ」の書き方を教えたり（ａやｂと書く子が多数）、本当に細かいところから丁寧に教えます。授業報告をすると「え！うちの子"ｄ"も書けないんですか!?」と驚愕する親もいますが、ノートの使い方がわかっていない子に「キレイに書きなさい！」と言っても、ノートはキレイになりません。お子さんが取り組みやすいスタイルを親子で一緒に作ってあげて下さい。

　今はノート術の本もたくさん出ているので、「どれなら〇〇君でも書けそう？」と一緒に選ぶのも良いですね。そして、ノートの使い方が確立されるまでは、根気よく親がチェックしてあげて下さい。

＼　このようなノートでは振り返りができない！　／

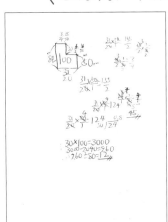
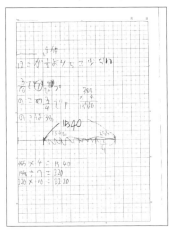

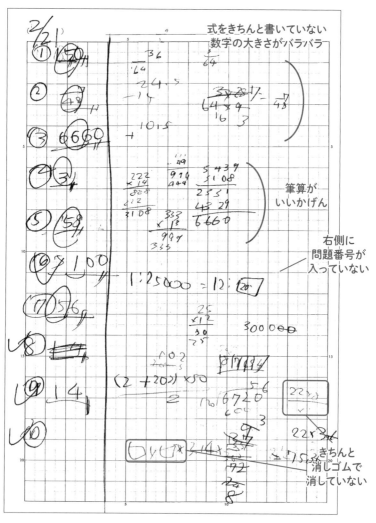

解答欄を作っているのは採点しやすくてOK。ただ、式や筆算がいいか げんなので、間違えたときに、振り返ることができない。

■ 計算・OK ノート

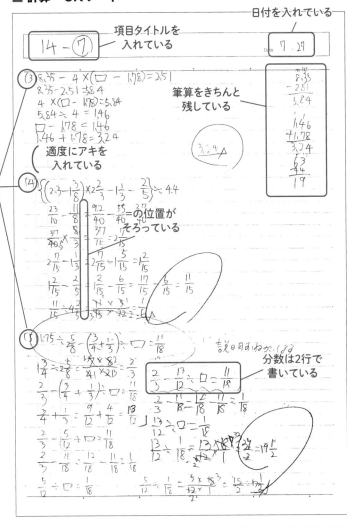

日付を入れている

項目タイトルを
入れている

筆算をきちんと
残している

適度にアキを
入れている

＝の位置が
そろっている

問題番号を入れている

説明用のねがい方

分数は2行で
書いている

文字のサイズがそろっていて読みやすいノート。式が長くなる場合は、「＝」の位置をきちんとそろえると間違いを防げる。式の増える5、6年生には方眼ノートではなく、分数が2行で書きやすい大学ノートを使うことをおススメしています。

佐藤
advice

Sato

子どもは「書く」ことを面倒くさがる！簡単な式から書く習慣をつけさせる

☑ 前仕事　☐ 後仕事
☑ よりそい

「頭の中でできる」はダメ！

- Point -

塾で言われないなら親が言う

　うちの子たちは、浜学園の先生方に式や図は必ず書くようにいつも言われていたので、書くことは当然だと思っていましたから自然にできるようになっていました。

　計算が速いのに文章題がどうも苦手、という子は、文章の内容を「見える形」にすることが苦手なんですね。そもそも文章の内容を読み解いて式や図、線分図にする作業は子どもにとって面倒くさいもの。

　しかし、この式や図を書く力こそ算数力をつける肝です。

手を抜かずに、とにかく書かせる

　ポイントは何といっても簡単な文章題のときからきちんと書く習慣をつけることです。簡単な式から書く習慣をつけないと、難しい問題のときに書けなくなります。

　子どもは、なるべく手を抜こうとしますから、ある文章問題の式が「2 + 3 = 5」という簡単なものだったら、式を書かずに「答え　5人」というように書きがちです。

　しかし、このような簡単な問題のときに式を省略せずにきちんと書く、ということをしておくことが、実力を上げるポイントになります。

結局、式を書くことを疎かにする子は算数の実力は伸びません。

算数ものちの数学も、問題を解くときに自分の思考の流れを次々と式にしていかなければなりません。そのときに、いわば国語の作文を書くように、相手に自分の思考過程がわかるように整理して書かなければ点数はもらえません。

だから、易しい問題のときに面倒とは思わずにきちんとした式を書くトレーニングをしておかなければならないのです。

図形はフリーハンドで描く練習を

図形は必ずフリーハンドで描けるように練習しておきましょう。

円もいつも描いているときれいな円を描けるようになります。わが家の子どもたちは、浜学園の先生方が描くフリーハンドの円の美しさに感動していました。

正方形、長方形、平行四辺形、ひし形などきちんと区別をつけて描けるでしょうか？　平面図形は描けても、立方体、直方体など立体図形になると、とたんに描けなくなる子もたくさんいます。まずは図形を描くだけの練習をするといいでしょう。

受験には立体図形の問題も多く、その立体切断の問題もよく出題されます。当然、正しくフリーハンドで描けなければ解けませんから、そこそこ練習は必要です。

■ 長女の算数ノート

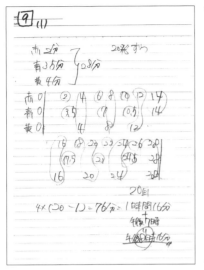

大学ノートに
詰めすぎず、
ゆったり
書いているのが
ポイント。

基本的に
1問1ページ
線分図なども
大きく書く

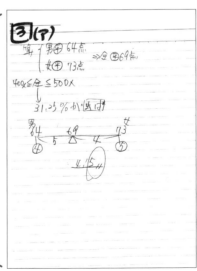

これは、長女が6年生のときに
使っていた、特別授業の宿題
ノートです。ノートの広さは頭の
中の広さと同じ、と思っていたの
で、とにかくゆったりと使わせて
いました。どんなに小さな小問で
も1問につき1ページを使い、余
白はたっぷりとりました。ノートを
ケチっちゃダメです!

書けない子には
「授業の板書は
全部書いてきてね」
とやさしく伝える

☑前仕事　□後仕事
☑よりそい

子どもは何のために式や図を書くのかを
わかっていない!

- Point -

先生が書いた通りに、とにかく写させる

　前項で佐藤さんは算数において式や図を書くことの重要性を述べていましたが、これはまったく同感です。しかし、何度も言いますが、子どもはとにかく書くことを面倒くさがります。

　算数はとくに顕著です。式を書かず、落書きやメモのような筆算、覚え書きがあちこちに散らばっているノートや問題用紙は本当に多いですね。

　こういった子に、親や先生が「式を書きなさい」と言うと、返ってくるのは「書かなくても解ける」という答え。中には「塾の先生が書くなといった」と言う子もいます。

　たしかに、「式を書くな」と言う塾の先生も一部いるようですが、そういった先生が子どもを伸ばした例を見たことがありません。そんな先生を見ると、私は「モグリの先生だな」という印象を持ってしまいます。

理解していなければ書けない

　さて、算数において式や図を書かない子の大半が、実は「理解できていないから書けない」という現状なのをご存知でしょうか？「どんなことでもいいから書いてごらん」と優しく促すと、鉛筆を握りしめて固まること数秒……。

　「えっと、どうやって書くんだっけ」と子どもは降参します。

そんな子にはまず、とにかく板書を写してくるよう伝えます。ところが、子どもは"目についたものだけチャチャッと写しておしまい"にするので、家に帰ってノートを見ても、解き方の全貌がわかりません。そのため、とにかく「先生が書いた通りにすべて写す」ことを徹底させます。

また、子どもは、塾の先生の板書やテキストの解説を「説明するために書いている」と勘違いしていますが、線分図や面積図、式は「解くために必要だから書いているもの」です。

塾講師をしていた時は、頑として書こうとしない生徒に「私でも線分図を書いて解くのに、なんで君が書かないかなぁ……実際、解けてないじゃない」と皮肉を言うこともありました。

しっかり書かずに解いている子は壁にぶつかる

C君は算数すべてをずっと感覚で解いてきました。いかんせん雑なので復習テストは計算から間違えたりしますが、公開テストでは正答率の低い難問をサラッと正解させたりします。

しかし、この解き方が通用したのは5年生夏前まで。

5年生後半からはどんどん問題が複雑になるため、正答率の高い王道の問題をことごとく落とすようになって、当然成績は急降下。カウンセリングで「速さ」の問題を解かせたとき、線分図の書き方を知りませんでした。

書き方を知らない子には一から書き方を教えてあげる必要があります。試しに、速さの線分図であれ、つるかめ算の面積図であれ、

問題を一読させてから解説に載っている図を写させてみて下さい。びっくりするような順番で線を引いたり、数字を書き入れたりします。

こういう時は「問題文に書かれている順番で書こうね」「線は端から端まできちんと結ぼうね」「線分図のジャマにならないサイズで数字を書こうね」と、ひとつひとつ書けるようになるまで根気よく教えてあげて下さい。

ノートを開いてみたら、
何を書いているのかさっぱり……
こんなことになっていませんか?

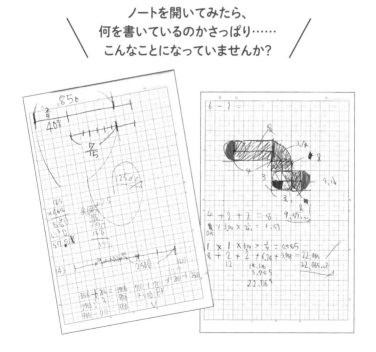

■ 線分図・OK ノート

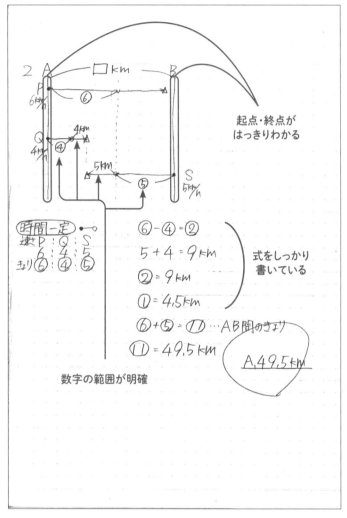

起点・終点が
はっきりわかる

式をしっかり
書いている

数字の範囲が明確

時間一定

速 P : Q : S
6 : 4 : 5
きょり ⑥ : ④ : ⑤

⑥ - ④ = ②

5 + 4 = 9 km

② = 9 km

① = 4.5 km

⑥ + ⑤ = ⑪ …AB間のきょり

⑪ = 49.5 km

A. 49.5 km

「速さ」の線分図がしっかり書けているノート。線分図はとにかく線をまっすぐフリーハンドで引けることがカギ。数字を書き込むときは、示す範囲がハッキリわかるように。

■ 図形・OK ノート

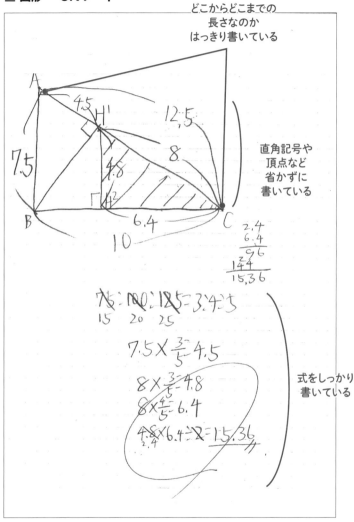

平面図形の面積図がしっかり描けている例。図も1ページの上半分を使って大きく描いているのでわかりやすい。フリーハンドでこれぐらい描けるようにしたい。

佐藤
advice

Sato

大量計算で
数字に対しての
「面倒」と思う気持ち
をなくす

☑前仕事　□後仕事
☑よりそい

計算は長期休みに一気にやるのも効果的

- Point -
数字にいかに馴染ませるかがカギ

　わが家の子どもたちは算数が得意でした。性格的なものもあると思いますが、今振り返ってみると、「数字に対する面倒な気持ち」がなかった、ということが大きかったと思います。

　計算式を「面白そう」と思うか、「面倒」と思うかは大きな違いです。

　数字に対して精神的にハードルがあると、計算がちょっと複雑になったり、文章題で何度も計算をやらなければならないとき、「面倒だな」という気持ちが先に立ってしまいます。

　しかし、計算が速いと数字に対してなんの面倒な気持ちを持つことなく、計算式がどんなに複雑でも文章問題がどんなに厄介なものでも「面白そうだ」という気持ちで積極的に取り組むことができます。

幼児期の公文はやはり効いた

　子どもたちに計算力がついたのは、やはり公文で計算を大量にやったおかげだと思います。公文には4人全員が1歳半くらいから3年生まで通いました。

　公文のプリントは、とくに時間を決めず、空き時間を使ってやっていました。

　夏休みなど長期休みのときは、4人全員で「公文の時間」を作っ

て一気に集中して1日30枚ぐらいやっていました。

　もちろん、毎日継続的にやっていくことも大事ですが、計算や漢字などはある程度短期間で「一気呵成に」仕上げていったほうが身につくこともあります。

　公文のプリントは1学年分が200枚（科目によっては400枚ということもあります）。だいたい2回同じものをやるので、のべ400枚。1日5枚ずつやっても約80日、3カ月弱かかります。しかし、1日30枚やれば約2週間で1年分を終えることができます。それで、わが家は夏休みに2学年上がるぐらいの勢いでやっていました。

　このやり方のいいところは、何よりも成長のスピードを自分で実感できるので、子どもたちも楽しそうにやれるのです。自分の進歩が目に見えることはやる気を起こさせます。

親も横についてすぐに答え合わせする

　進めるポイントは、子どもがやったらすぐに答え合わせをしてすぐにやり直しをさせることです。親が答え合わせをしている間に、子どもは次のプリントをする。

　親の答え合わせが終わったら、すぐにやり直し。というように1枚ずつ流れるように進ませることです。

　そうすると、やり終わったプリントがどんどんたまっていくのでその成果を見られるのは子どもにとって気持ちの良いものです。その日の分が予定より早めに終わったら、余った時間でもう少し枚数をさせようとしないことです。

　早く終わったら、お疲れ様ですぐに遊ばせる。何事もメリハリ
が必要で、決めたことは守り親の欲を出さないことです。

**複雑な計算問題は、1問ずつ
拡大してやらせるとハードルが下がる！**

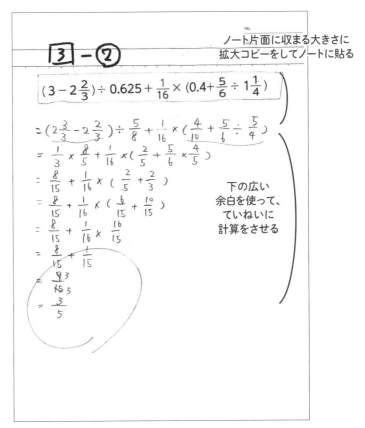

間違った計算や難しい計算問題は、拡大コピーして1問ずつノートに貼ってやらせることもあ
りました（98ページ参照）。大きくすると、自分がミスしたところがハッキリわかるようになります。

安浪
advice
Yasunami

「苦手科目」は
分野や単元を分けて
「できるもの」に
目を向けさせる

☑前仕事　　☐後仕事
☑よりそい

算数なら「7分野」に
分けてみよう

- Point -
科目は細分化して考える

　算数の家庭教師をお願いするご家庭は、ほとんどの子どもが、算数そのものに苦手意識を持っています。そんな時、いつも私は、

「数／割合／速さ／平面図形／立体図形／場合の数／特殊算」

　と受験算数7分野をノートに書き、「この中で一番マシなものと、一番苦手なものを教えて」と聞きます。

　すると、「文章題はマシだけど、速さが苦手……」といった具合に、算数の分野に優劣がつきます。ここで、すかさず「文章題がマシなのは超有利だよ！　算数が苦手なんじゃなくて、速さが苦手なんだね」と意識を変えます。

　さらに苦手に分類された「速さ」を、

「旅人算／通過算／流水算／時計算／ダイヤグラム」

　と単元に分け、「この中でマシなものと嫌いなもの」を同様に聞きます。同じく、「ただの旅人算なら解ける」「通過算ってそもそも何だっけ？」と、子どもの中でさらに優劣がつくため、「速さすべてがダメというわけじゃないんだ」と認識させます。

科目そのもの、あるいは分野そのものをまるっと苦手と思わせるのはNG。細かく分割し、ひとつずつ攻略していけば良いとわかると、子どもも肩の荷が下りたような表情になります。

　このように、算数は分野ごとにできるだけ細かい単元に分割し、"苦手なもの"・"比較的できるもの"と大まかに分けておくといいでしょう。塾の先生に質問する時や、苦手な分野のみ家庭教師にお願いする時などにも役立ちます。

　そのためには親もある程度、それぞれの単元の内容を把握しておくことが必要。実際に問題を解けなくてもいいのです。「どの単元にどんな問題があるのかな？」という視点でテキストを見ておくといいでしょう。

基本問題こそ、先生に聞きに行かせる

　また、私の授業では、いきなり大問を扱うことはありません（入試直前期の過去問見直しは別）。

　なぜなら、大問はメインディッシュであり、解くのにエネルギーと根気を要するからです。朝起きていきなりステーキを食べられないのと同じく、授業でもまずは子どもの頭を算数モードに慣らしていくために、軽めのものから始めます。

　また、授業にうかがうと、「この問題がどうしてもわからない」とテキストにある発展問題を広げる子も多いですが、その問題を解くための基礎理解ができているかをひとつずつ確認し、基本問題の確認のみで終わることも往々にしてあります。

　バタ足ができない子に、いきなりクロールそのものを教えたりはしませんよね。勉強も同じです。

　そういう意味で、塾のいわゆる「質問教室」は使い方を考える必要があります。塾講師をしていた時、子どもたちが聞きに来るのはおしなべて応用問題や発展問題でした。

　基本問題は何とかなると思っているのか、はたまた聞くのが恥ずかしいのかもしれませんが、先生に質問に行くべきは「基本問題でわからないもの」。こちらを優先するだけで理解度が大きく前進します。

＼　受験算数の全分野が俯瞰できる！　／

『カリスマ家庭教師が秘策を伝授！ 中学受験「算数」教え方のコツ』
（安浪京子・富田佐織共著　PHP研究所）

受験算数を8分野（57ページの7分野＋水量変化）に分け、典型題240問を掲載。志望校別（標準校・中堅校・難関校・最難関校）に分け、勉強する際に気をつけることもアドバイス。算数の全分野を見通すのに便利。

食塩水は「割合」、時計算は「速さ」、つるかめ算や植木算は「特殊算」など、中学受験でよく出る問題がどの分野にあたるのか把握できる。

佐藤
advice

Sato

授業の内容を
さりげなく聞いてみる。
話をすることは
いい勉強になる

□前仕事　☑後仕事
☑よりそい

「試されている」という空気はNG!

- Point -
聞く側は、とにかく驚く、面白がる

私は子どもたちに、塾で習った面白そうな問題を「それ、ママにわかるように説明して」と時々説明してもらっていました。

とくに算数の問題は、親が全く見当もつかないような難しい問題がたくさんあります。

長男が6年生のとき、算数のテキストを見ていたら「速さ」に関する難しい文章問題がありました。私自身は解き方がさっぱりわかりませんでしたが、なんだかすごく面白そうな問題だったので、「これママに教えて」とお願いしたところ、とてもわかりやすく説明してくれました。

「説明する」はあらゆる教科に有効

また別の問題に出合った時に、説明してもらったらその説明が私には理解できないことがありました。そのような時には、やはり、本人の理解が中途半端なことが多いのです。

私のような素人にわかるような説明ができてこそ、理解が本物だということです。苦手な項目があった時には、本人の口から説明させると自らの理解が深まる場合がよくあります。子どもも話しながら頭の中をまとめますから、人に説明をするというのは実はいい勉強になるのです。

これは、算数だけでなく他の教科にも有効で、社会なら時代の流れを、理科なら実験の手順などを説明させたりすると本人の理解もより深まります。

塾の問題について聞くときに大事なのは、子どもが「自分が試されている」と感じないようにすることです。そう感じると子どもはお母さんに説明するのを嫌がってしまいます。まずは「すごく難しいことを勉強しているんだね」「すごいね」と褒め、「お母さんも問題を知って楽しい」という姿勢で接してあげましょう。子どもの説明がわかりにくくても、「それじゃわからないよ」「ちゃんと授業聞いていたの?」などと言わないことです。

ふだんの会話を楽しむ関係で

そもそも、こうやって教科の問題を前に親子でやりとりができるようにするためには、ふだんから親子でおしゃべりを楽しむ関係になっていないとうまくいきません。

そのためには、子どもの話すことをどんなことでも面白そうに聞いてあげて、決して頭から否定をしないということに気をつけることです。

子どもですから、結構「え〜!?」と思うようなことを言う時もよくあります。うちの子も、「何それ〜全然違うんだけど」とつっこみたくなるようなことをよく言っていましたが、私はどんなことでもとりあえずは「へー、面白いね」と返すようにセリフを決めて

いました。

　返す言葉は決めておかないと親もついそっけない態度を取りがちなので、いつでもどこでもどのような話題でも、「面白いね！」で始めると子どもはノリノリで楽しそうに続きをしゃべります。「だから何なの？」などと言ってしまうと、子どもはそこで口を閉ざしてしまいますから、要注意です。

リビングの隣の勉強部屋にはきょうだいの机を4つ並べていました。とはいっても、机に座って勉強することにはこだわらず、ごろごろしながら問題を解くのもOKとしていました。日常生活と勉強を隔てない環境を作っていたので、ふだんの会話で勉強や塾の話をしやすかったです。

安浪
advice
Yasunami

暗記していいものと
ダメなもの。
定着させるサポートは
全く異なる

☐前仕事　☑後仕事
☑よりそい

インプットだけでは定着しない

- Point -

「覚えるもの」を2種類に分ける

　多くの親は、塾で習ったことや親が教えたことを忘れた子ども に対して「それ、こないだやったじゃない（言ったじゃない）」と 口に出しがちですが、その「やった（言った）」が指す内容はた いてい1回、もしくはせいぜい数回。

　実際に指導に携わっていると、学習内容の定着率は子どもに よってさまざまです。

　塾でわかったつもりでいても、帰宅すると忘れている子、翌日 には忘れている子、あるいは1カ月前の内容でも覚えている子 ……。

　ならば、わが子の特性に応じて定着させるサポートをするしか ありません。

　勉強の内容は科目別に分けることがほとんどだと思いますが、 「知識系」と「理解系」に分けるとサポート内容がより明確になっ てきます。

理解系はとにかく説明させる

　「知識系」とは主に理科や社会の暗記物。

　「冬の大三角形はベテルギウス、シリウス、プロキオン」といっ たものはゴロ合わせや歌などで暗記するまで反復するしかありま せんが、算数や理科の物理分野といった原理原則ありきの「理解 系」は、解き方を丸暗記しても意味がありません。

塾では先生が考え方や解き方を教えてくれるため、なんとなく理解した気になります。しかし、これらは単なるインプットの学習であり、本当に「理解した状態」までもっていくことはできません。

　前項で佐藤さんもお話しされていましたが、理解できたか否かの目安は「人に理解できるように説明できる」かどうかに尽きます。これはどの教科でもそうです。

　答えが○であろうと×であろうと、なぜその答えになったのかを繰り返し口で説明させることで、自分の間違いに気づいたり、思考の経路が明確になって、知識が定着します。

　私の授業も「どうしてこうなったの？」「はい、説明して」のオンパレード。そして、子どもの説明が下手でも間違っていても、まずは「なるほど！そう考えたんだ」「へー、面白い考え方だね」と褒め、気持ちを乗せてから続きをうながします。途中で説明を端折ったり、ごまかしたりしたら、そこはよく理解できていない部分です。「もっと詳しく説明して」と食い下がり、子どもが音を上げたら再びその部分を一緒に勉強し直します。

　親はつい「そうじゃない」「そこは違うでしょ」と否定しがちですが、これは子どもの説明する気を減退させるだけ。「理解系」の勉強は、子どもの説明をひたすら聞き、何度も頭に汗をかかせ、理解があいまいそうな部分は何度も勉強し直すことに尽きます。

　もちろん、いったん理解できても、時間が空くと子どもはまた忘れますが、そのときはまた基本に立ち返ります。すると、最後まで見直してから「そうだった！」と初回よりスラスラ鉛筆が進んだり、途中で「あ！思い出した」と自分で考え始めたり。こういったことを何度も繰り返すことで定着を盤石にしていきます。

脳はアウトプット重視型

　脳はインプット（入力）よりもアウトプット（出力）を重視し、アウトプットした回数（使用する回数）が多いものを記憶として定着させます。

　脳科学の実験によると、「暗記系」を定着させる際は間違えた問題のみを繰り返すのではなく、間違えた問題も正解した問題も毎回扱うと定着力が最も高まるとのこと。子どもは嫌がるでしょうが、習慣化させられたら最強ですね。

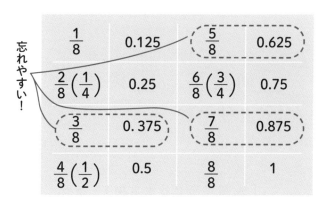

「暗記算数」の代表格！　**小数⇔分数**　表

分母が8の分数と小数の変換は計算問題や文章題の中によく出てくるので、ゴロ合わせなども使って暗記してしまいましょう。最初はテストで使うのは勇気がいるかもしれませんが、何回もやっていくうちに、スッと出てくるようになります！

忘れやすい！

$\frac{1}{8}$	0.125	$\frac{5}{8}$	0.625
$\frac{2}{8}\left(\frac{1}{4}\right)$	0.25	$\frac{6}{8}\left(\frac{3}{4}\right)$	0.75
$\frac{3}{8}$	0.375	$\frac{7}{8}$	0.875
$\frac{4}{8}\left(\frac{1}{2}\right)$	0.5	$\frac{8}{8}$	1

こうやって覚えよう！　$\frac{3}{8}$＝0.375（ミナコ）　$\frac{5}{8}$＝0.625（ムツコ）　$\frac{7}{8}$＝0.875（ハナコ）

佐藤
advice

Sato

何度説明しても間違う。
そこでキレてはダメ!
とことん付き合う。
これができるのは親だけ

☐ 前仕事　☐ 後仕事
☑ よりそい

「人間は忘れる生き物」である

- Point -

「理解の速さ」と「理解する」を別々に考える

　子どもに何度説明しても忘れる。問題集をやっていて、いつも同じところを間違う。そんなことは日常茶飯事です。

　そもそも、子どもが1回の説明で理解できたらラッキーです。

　でも世の中、なかなかそう甘くはありません。子どもに1回説明して、子どもが「？？？」という顔をしたらもう一度、もう少し丁寧に説明しましょう。

　よくあるのは、3回説明をしてまだ子どもが「？？？」という顔をした途端、「何回言ったらわかるの！」と親がすごく怒ることです。

　ほぼ、激怒と言っていいほど子どもは叱られますから、子どもはその状況に萎縮してしまい、わかるまで考えられなくなります。そして、お母さんの穏やかではない表情におびえながら、「まだ、よくわからない」と言えずわかったふりをしてしまいます。それでは、子どもの学力は決して伸びることはありません。

　何回でわかるようになったかということは、「理解する」ということには関係ありません。

　まず、子どもが理解できなかったら、それは子どものせいではなく「親のやり方が間違えている」と考えるべきなのです。

　子どもが理解できるまで「徹底的に」付き合う覚悟が何事にも必要です。このことは、「子育ての基本」でもあります。

私は、子どもたちに「決してわかったフリをしてはいけない。自分に嘘をつくことになり、それは自分の人生に責任を持たないということになる」と言っていました。

　そして、「納得いくまで考えるように。あなたがわかるまでママは付き合うよ」とも、いつも言っていました。だから、子どもたちは、わかるまで何も気にすることなく「わからない〜」と気楽に言っていましたよ。

人間は忘れる生き物

　また、私は「人間は忘れる生き物だから、忘れることを恐れないようにね」と話していました。

　そう言うと、最初は子どもたちは不思議そうな顔をしていましたが、「もし人間が人生で起こったことを忘れることができなかったら、嫌なこともずーっと抱えて生きていくんだよ。それってつらいよね。でも、嫌なことは、忘れていくから明るく生きていけるんだよ」と説明すると、妙に納得していました。

　人間は一度よく理解して覚えたからといって、ずっと忘れないということはありません。

　「忘れることは、普通のことで忘れたなら、また覚え直したらいいのだ」ということは、話しておかないと子どもは忘れるのを恐れるあまり、新しいことをどんどん覚えようとしなくなります。「忘れても忘れても、どんどん新しいことを覚えたらその何分の1かは頭に残るから大丈夫」ということです。

　子どもに限らず、すべての人間は忘れる生き物なんです。

　その上で、「忘れることを恐れては前に進めない。忘れる以上に覚えればいいだけ」と親はどっしり構えましょう。

　10回やったのに忘れるなら、11回、12回と覚えるまでやればいいだけです。ひとつの漢字を覚えるのにも、1回で覚える子もいれば、10回、20回、100回とやらないと覚えられない子もいます。子どもによって違うのです。

きょうだいや他の子と比較するな

　必要なのは、子どものペースに合わせてやり方を変えることです。

　子どもができるようになるまで根気よく付き合う。これができるのは親だけ。いつできるようになるかは子どもによって違います。

　きょうだいや他の受験生と比べて気にする必要もありません。学校や塾では、2回くらいやって「あとはしっかり覚えておくように」と次の内容に進んでしまうもの。その子ができるようになるまでとことん付き合ってくれることはありません。

　親だからこそできるんだ、と覚悟を持って何度でも付き合ってあげてほしいですね。

安浪
advice
Yasunami

「どうしてもわからない!」
そんなときは
「深追いせずに飛ばす」も
ワザのひとつ

□前仕事　□後仕事
☑よりそい

理解できるタイミングは子どもそれぞれ

- Point -
「何とかわからせよう」は要注意

　佐藤さんがおっしゃるように、親がとことん付き合い、時には子どものペースに合わせてやり方を変えていくことはとても大事です。

　私は、「この子はまだ理解できそうにないな」「これ以上やると、この科目が嫌いになりそうだな」と思ったら深追いせず、さらっと説明しておしまいにしたり、飛ばして次に行くこともあります。

　なぜなら、子どもそれぞれに「理解できるタイミングがある」ということを知っているからです。

　「じゃ、その積み残した分はいつするんですか？」とよく聞かれますが、中学受験で扱う内容は4年生から入試まで、何度も繰り返し出てきます。4年生のときに何時間かけても理解できなかったことが、6年生になると数分で理解できるというのは、よくあることです。

「タイル問題」が苦手だったKちゃんとSちゃん

　例えば算数は、どの塾でも4年生の初期に「約数と倍数」を勉強します。約数と倍数そのものは皆、それなりに理解できるのですが、「公約数は最大公約数の約数」「公倍数は最小公倍数の倍数」と言われると、ほとんどの子は呪文にしか聞こえません。

　「長方形のタイルを使って最も小さな正方形を作る」となると、

約数と倍数のどちらを使うのか判断がつく4年生は半分もいないというのが、指導する中での実感値です。

難関校を目指すKちゃんの指導に入ったのは6年生の4月。Kちゃんは本当に算数が苦手で、まさに「長方形タイルで正方形を作る」問題もちんぷんかんぷん。1時間かけて指導してもなかなか理解できないので、その問題を理解させることをいったん引き上げました。そんなKちゃんが、この問題を解けるようになったのは夏期講習の始まる頃。でも、それで良いのです。入試に間に合えば良いのですから。

一方、最難関校を目指すSちゃんのお母様は「理解できなくても、とにかく覚えなさい」というタイプ。「最も小さな正方形→最小公倍数」とパターン化し、徹底的に反復させてきました。復習テストはほぼ満点で、公開テストもそれなりに取れていましたが、5年生後半から成績が下がってきた、と6年生の春にカウンセリングを依頼されました。

長方形のタイル問題について「どうして最小公倍数を求めるの?」と聞くと「だって、そう習ったもん」とSちゃん。これでは、少し問題をひねられると「これ習ってない」となり、成績が下がるのも当然です。理解しないまま詰め込んだ暗記は残念ながら貯金にはなりません。

「理解できるまで待っていたらテストで点数が取れない」「クラスがどんどん下がってしまう」という不安があるのもわかります。

でも、暗記によってむりやり下駄を履かせたところで、6年生になればSちゃんのように成績は下降していきます。

いつもの3倍の時間をかけてもわからなかったら飛ばす

ご家庭で子どもの理解を測る基準として、「いつもの3倍の時間までかける」ことを目安にしてみて下さい。

これ以上時間をかけると、その単元に嫌気がさしてきますし、他の科目に手が回らず、結果的に総合点を落とすことになります。また、「基礎中の基礎」こそが難しいことも多く、基礎を飛ばして演習に入ると、逆にすんなり理解できることもあります。

子どもは腑に落ちると、芯のある声で「わかった!」と叫びます。そのときは、本当に理解できたか口で説明してもらいましょう。

もちろん、今までお話ししたのは算数などの「理解系」科目です。あまり思考を問われない知識系はこの限りではないので、誤解のないようにして下さいね。

KちゃんとSちゃんがやった問題はこんな問題

たて12cm、横16cmの長方形のタイルをしきつめて正方形を作ります。最も小さい正方形を作るとき、1辺の長さは何cmになりますか。また、長方形のタイルは何枚必要ですか?

(『はじめまして受験算数　数・割合と比・速さ編』22ページより)

解答は76ページ ⇨

SATO
COLUMN

塾の先生への「質問の仕方」のコツ

塾に通い始めると、宿題をやらせたり、テストの見直しをしたりといったサポートは家でやることになりますから、親だけでは解決できない悩みもいろいろ出てきます。私は心配なことがあるといつも塾の先生に相談していました。

そのときに大事なのは「聞き方」です。先生の忙しい時間帯に長時間の電話をするとか、モンスターペアレントのようなことをしてしまうと一気に信頼関係が崩れてしまいます。

「こっちはお金を払っているんだから」という意識で塾の先生に上から目線でヤイヤイ言う方がいますが、それはダメです。塾の先生に限らず、学校の先生もそうですが、すべては人間関係です。人間関係がうまくいかなければ、間に立つ子どもにいい影響を与えることはできません。

また、相談するときにはある程度自分なりの意見をまとめておくことは必要です。「成績がこんなに下がっちゃったんです」とか、「うちの子、宿題がぜんぜんできないんです」といったザックリした相談では先生もどう答えていいかわからなくなります。なるべく自分なりの意見や分析を持ってから質問するようにしましょう。

でも、塾に入ったものの勉強についていけない場合や雰囲気が合わない場合、転塾を考える方もいるでしょう。こういった場合も、何に困っているのかを、今通っている塾の先生に一度相談してみてはいかがでしょうか。子どもの塾内での様子がわかって、問題点がよりクリアになってくるかもしれません。

（75ページの答え）48cm 12枚

（解説）正方形はたてと横の長さが同じなので、正方形の1辺は12と16の公倍数。正方形の1辺を最小にするには、12と16の最小公倍数になる。よって正方形の1辺は48。たては4つ、横は3つに分割されるので、タイルの数は12枚。

2 章

宿題サポート

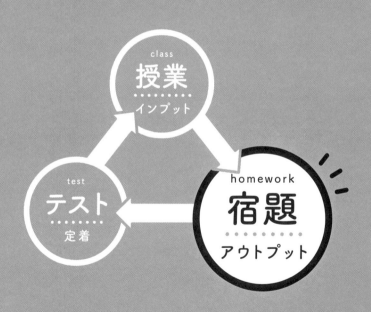

親を悩ませる宿題問題
塾生活をうまく回すカギ

安浪

塾に入るとたいていのご家庭が「宿題が回らない」と悩みますよね。

佐藤

塾をいかにうまく使うかって、結局のところはいかに宿題を回していくか、ということだと思います。

安浪

勉強には主にインプット（授業を受ける、テキストを読む）とアウトプット（問題を解く、ノートに書く、説明する）などがありますが、やはりアウトプットの量が足りないし、やり方を間違っている子が多いですね。

佐藤

アウトプットしてこそ、知識は定着していきますからね。

安浪

ただ、問題を解いたり、式を書いたり……アウトプットは子どもにとっては面倒くさいものばかりなんですよね。

佐藤

だから、いかに面倒くさくても一歩踏み込んでやらせるか、面倒くさいことをできるようになるか、というのがとても大事。そうしないと大学受験もうまくいきません。

安浪

1章で、式や図を大きく書くことの重要性をお話しして
きましたが、これは宿題ノートにもいえることですよね。

佐藤

その通りです。**私は子どもが塾に通い始めた当初は、
塾のテキストを全部コピーして1問ずつ切って、ノー
トに1ページ1問ずつ貼っていました。**図がある場
合は拡大コピーしてノートの中央にドンッと貼りまし
た。こうすると強制的に余白がたっぷりとれるし、図に
書き込みもしやすい。

安浪

それは素晴らしいです。図形は自分で描くことによっ
て解く力がつきますが、チマチマ描く子が本当に多い。
解きやすいサイズ感を体得するためにも、**最初のうち
は拡大コピーを貼ってあげるのは良いですね。**

佐藤

**慣れてきたらコピーは貼らず、問題番号のみを1ペー
ジに1問ずつ書いていました。**1ページに1問、ゆっ
たり書く、といことだけはキープさせたかったので。

安浪

問題番号を先に書いてしまう、というのはいいアイディ
アですね。

子どもに教えるときは
期待値を下げることも大事

安浪

他にも、**「教えているうちにケンカになってしまう」**という悩みも多いです。何回教えてもすぐ忘れる子どもにカーッとなってしまったり、子どもは子どもでそれに対して反抗したり。

佐藤

私、4人の子供を育てて思ったのは、**子どもって体が小さいだけで、心は大人と同じだなってこと**です。大人のような言葉が使えないだけで、中身はちゃんとした人間なんだなーって。だから大人と同様に扱うようにしよう、というのはよく思っていました。

安浪

ここで親が陥りがちなのが、理解度も大人と同じものを求めてしまうこと。すぐ忘れてしまうなら、「うちの子はキープ力が低いんだな」と思って何度でも教えてあげる。そもそも勉強のために長時間座っていられないならば、まだ忍耐力が低いと思って、とりあえず1問でもやったら褒めてあげる。**期待値を下げることは、小学生である中学受験生に必要です。**

佐藤

うちの子たちも「きっと元から物覚えがいいんでしょ」と思われているかもしれないけれど、そんなことは全然なくて。**それぞれ苦手な分野だったり、なかなか覚えられないものはありました**よ。

安浪

そうなんですか！

佐藤

次男は算数は得意だったんですけど、漢字が苦手で。「ひょっとしてこの子は文字を映像で捉えることが苦手なのかな？　だったら英語も苦手かな？」と思っていたら、案の定そうでした。中1のときに英単語がなかなか覚えられない……。

安浪

佐藤さんのお子さんたちは一度言われたら覚えられるお子さんたちなのかな？と思っていました。

佐藤

サンデー、マンデーを覚えるのも2カ月かかった。これはマズイ！と思って教科書を何度も何度も一緒にやって。**「英語なんてアメリカ行ったら誰でもしゃべれるようになるんだから。能力の問題じゃないよ。慣れだよ」**って励まして。でも東大を受験するときになったら英語の点数はすごく良かったんですよ。

安浪

お子さんたちは全員東大に合格されているから、その結果だけを見ると「元から勉強が得意」という感じですが、いろいろ努力はされているんですね。

佐藤

それはそうですね。**性格も物覚えも4人それぞれ**でしたから。**きょうだいを比べてああだこうだ言うのは最もナンセンス**です。

安浪
advice
Yasunami

宿題管理の前にやるべきこと。集中できない原因は「環境」が原因かも!?

☑ 前仕事　☐ 後仕事
☑ よりそい

「わが子はやりやすいかな?」の視点で

- Point -

宿題管理の前に学習環境づくり

　塾から出る宿題やスケジュールの管理など、親がどこまで手助けするかは、子どもによって異なります。ある程度環境を整えれば自分でできる子、手取り足取りする必要のある子——もちろん、同じ子でも成長度合いによっても異なります。

　また、「つべこべ言わず勉強第一！」なのか、「本人に主体性を持って取り組ませたい」のか、ご家庭のスタンスによっても異なります。

　まずは、親がわが子をしっかり観察し、「どう関わるべきか」スタンスをある程度決めておく必要があります。

　スタンスを持たず何でもかんでも親が手を出しているご家庭は要注意です。本人にやる気がなく、その上で親が先回りして何もかも手出しをした結果、受験勉強が完全に「やらされている苦行」となり、どんどん成績が落ちていく子もたくさん見てきました。

学習環境づくりは親の仕事

　その上で、親しかできないサポートのひとつに「学習環境をつくる」ことがあります。

　いろいろなご家庭にうかがう中で、「え？　こんな環境で勉強するの？」と驚くことが多々あります。学習環境が整っていないと、そもそも子どももやる気が出ません。以下は最低限そろえておき

たいものです。

■ 子どもに合った机と椅子

　凹凸のあるダイニングテーブルや、フカフカの椅子では姿勢が保てません。伸びる身長に合わせて、高さの調整ができる椅子がベストです。

■ 明るい照明

　お洒落な間接照明のみでは手元が見えず、視力も悪化します。また、集中するには白熱灯ではなく蛍光灯がおすすめです。

■ 大きな本棚（1本以上）

　4年生から受験勉強を始めると、入試までにテキスト、ノート、テスト類は膨大な量になります。だいたい衣装ケース3箱分程度にはなると思っておきましょう。

■ ノート

　勉強をしている最中にノートが1冊終わってしまうのはよくあることですが、このときにノートの補充のないご家庭が多く、子どもはそこで勉強を諦めてしまいます。

■ ファイル

　テスト類は、親が整理してあげましょう。ファイルは最低限、「公開テスト用」「復習テスト用（科目別）」の計5冊は必要です。
　もちろん、親の一方だけが勉強から生活サポートまですべてを

担っていてはパンクしてしまいます。「うちはパートナーが中学受験に非協力的だから……」と夫婦で会話することから逃げていると最初の頃はよくても、受験の山場を迎える6年生の秋以降、乗り切れなくなる場合があります。夫婦でどのように分担して子どもをサポートしていくか、話し合いは必須です。

わが家の息子用の本棚。まだ小4なので教材は少なめですが、科目ごとに大きくラベルをはり、出し入れしやすくしました。

こちらは佐藤家の本棚。大学受験のときのものらしいですが、大迫力！ 使いやすそうです。

佐 藤
advice

Sato

宿題は一気にやろうと
すると回せなくなる。
１／３に分割して
やるのがちょうどいい

☑前仕事　□後仕事
☑よりそい

予備日もないと全部はこなせない

全教科の宿題を1／3に分けた

　塾に行って力をつけていくために一番必要なことは、宿題をきちんとやることに尽きると思っています。塾の宿題は学校の宿題に比べて格段に難しく、量も多いので、すべての科目をうまく回していくためにはやはり親のサポートが不可欠です。

　ここでは私が宿題をどのようにスケジュールに落とし込んでいったかを紹介します。

毎日やる量は親がコントロール

　私は塾の宿題を科目ごとに3回に分けてやらせていました。2回に分けると1日にやる量が多くなるので大変、4回に分けると4日前にやったことは忘れてしまうので4分割は分け過ぎということが判明。いろいろとやってみましたが、3分割、つまり3日間で仕上げるのがちょうどいいということになりました。

　4教科で通塾していた場合、具体的には89ページのような感じになります。

　宿題が10ページ出たとすると、1日の量は3〜4ページになります。その区切りになるノートのページに日づけを記入しておき、「ここまでやったら終わり」というのが一目でわかるようにしておきました。終わりがわかっていれば頑張れるので、気持ちが軽くなります。

時間にして1科目約30〜50分。塾の前日は予備日にあてました。受験生といっても小学生。疲れている日もあるし、体調を崩してしまうこともあるし、「今日はできなかった」というときもあります。そのときのために予備日は絶対に必要です。

　計画通りにいったときには、予備日に苦戦した問題や間違えた問題の解き直しをします。こうすることで、試験の前にあわてて見直しをしなくてもよくなります。6年生になると、志望校別の対策講座も始まりますが、他の教科と同じように3つに分けてやると意外と苦にならずに進めることができます。一番時間がかかるのが算数なので、算数を中心に時間割を立てるとよいでしょう。

宿題をやり残す習慣をつけなかった

　とはいえ、浜学園の宿題が多いうえに難易度もかなり高いので、毎回100％終わらせるのは結構大変でした。

　それでもわが家では「どんなに大変でも宿題は100％終わらせなければならない」と子どもたちには言い聞かせて徹底していました。

　ちなみに、学校の宿題はその空いている時間を見つけてやらせていました。

　塾の宿題があるから学校の宿題はやらない、というのは本末転倒です。

■ 1週間の宿題の回し方例

	月	火	水	木	金	土	日
算数	塾	宿題1／3	宿題1／3	宿題1／3			予備日
国語	予備日	塾	宿題1／3	宿題1／3	宿題1／3		
理科			予備日	塾	宿題1／3	宿題1／3	宿題1／3
社会	宿題1／3			予備日	塾	宿題1／3	宿題1／3
特訓講座	宿題1／3	宿題1／3	宿題1／3			予備日	塾

安浪
advice
Yasunami

宿題のやり方は子どもによって違う。授業が理解できているかどうかがカギ

☐ 前仕事　☐ 後仕事
☑ よりそい

100％やるべき子、削るべき子の見極め方

- Point -

宿題量は親の見極めも必要

　前項で紹介されていた佐藤さんの宿題3分割法には「なるほど」と納得しました。

　実際、塾の前日になってあわてて宿題を一気にやっている子も多く、宿題を毎日のルーティーンに落とし込んできちんと回している子はごくわずかです。

　やはり、大量の宿題を一気にやるより、1/3ぐらいに分割してやるほうが理解度が深まります。

　とはいえ、「塾から出された宿題を100%やる」という点に関しては、すべての子がそれをできるかというとそうではなく、子どもに応じた量、レベルでなければ、成績が上がるどころか、基礎も崩れていきます。

　そこは「誰かのマネ」ではなく、わが子の現状をしっかり見る目が必要になってくるでしょう。

わが子の現状をしっかり見る

　実際、「基礎トレは1日5分で満点を目指す」をマネさせられて算数の偏差値を一気に落とした子、「勉強は朝6時半から、夜は23時まで」をマネさせられて身体を壊した子など、つらい事例をたくさん聞いてきました。

　同じ大手塾の上位クラスに在籍する6年生のMちゃんと下位

クラスに在籍するRちゃん。この2人に私から出す宿題は、全く異なりました。たとえば、志望校対策の始まっていない夏前。

Mちゃんには、塾で出された宿題はあらかじめ全部やっておいてもらい、理解の足りない部分、補強すべき部分については、私からも新たな宿題を出しました（1時間以内で終わる量）。そして、宿題をいつやるかは、すべて本人に任せていました。

一方、Rちゃんは、塾の授業がほとんど理解できず、宿題にも取り掛かれません。宿題の優先順位は、

1．日々の計算
2．私が持参した教材 or 塾のテキストで私が指定した問題
3．塾から出た宿題（私が半分ほど削る）

とし、さらに日々何をするか、問題番号と所要時間まで細かく指定しました。

また、中規模塾に通うC君。5年生になって毎日取り組む計算テキストの難度が一気に上がりましたが、実は基本的な四則計算があやふやな状態でした。

計算テキストを提出しなくても良い塾だったので、こちらはいったんお休みし、市販のテキストに取り組んでもらうことに。夏前には分数、小数の四則も盤石になり、夏休みから塾の計算テキストに取り掛かれるようになりました。

　宿題の量やレベルは、ある程度クラスによって分けられています
が、その通りに進められる子、手に余る子など、実情はさまざまで
す。まずはわが子にとって最適なやり方を家庭で探り、それでも困っ
たら塾の先生に相談しましょう。

宿題が終わらない!という子の親が やるべき3カ条

① 宿題の優先順位を決める

宿題の優先順位を決める。宿題の取捨選択がわからない場合は、塾
の先生に相談してみる。「宿題は全部やるべき」という方針の先生に
は、子どもの現状をしっかり伝えて。

② スケジュールを見直す

「ダラダラしていて終わらない」場合は、131 ページ下のスケジュー
ル表を参考に、**1 週間のうちに宿題に費やせる時間を書き出す**。そこ
に取り組む宿題を当てはめていく。ダラダラやらないよう、スケジュー
ルの終了時間がきたら切り上げ、就寝時間は守る。

③ 塾が合っているかどうか検討する

塾のレベルについていけずに宿題がこなせない場合は、**クラスを下げ
てもらう、第三者のサポートを入れるなど環境を変える**。それでも無
理ならば転塾も検討する。最難関校の合格を売りにしている塾は、中
堅校志望の子にはレベルが高すぎる場合が多い。

佐藤
advice
Sato

算数のテキストは
1問ずつノートに貼る。
慣れてきたら
問題番号を書くだけでも

☑前仕事　☐後仕事
☑よりそい

とにかくゆったり貼る

テキストが届いたらどんどんコピー

　33ページで子どもが使う塾のテキストはざっとチェックして、子どもが使いにくそうだったらアレンジしましょう、というお話をしました。ここでは、私がやっていた算数のテキストをアレンジした「特製ノート」についてご紹介します。

　私は塾の算数のテキストは全ページコピーをして、1問ずつノートに貼って使いやすくしていました。

ルーズリーフでなくノートがおススメ

　塾のテキストを左に置いて、右にノートを広げて、左の問題を読みながら右のノートに式や解答を書く方法だと、常に首は左右に数え切れないほど振られることになります。

　これは、意外と疲れるんですよね。

　そこで、首を無駄に振らなくてもいいように、テキストの問題をコピーして1問ずつ切ったものをノートに貼ります。解答を書くスペースを広くとるために基本的に1ページにつき1問にするのがコツ。

　そうすると目の前にあるのは、問題が貼られたノートのみ。

　そのノートにどんどん答えを書いていけばいいので首は前を向いたままということです。これが思った以上に便利で、宿題もはかどるのです。

　ルーズリーフに貼る人もいるようですが、バラバラになりやす

いのでノートのほうがいいでしょう。ゆったり貼っていけばノートも貼った厚みでボコボコになりません。

　ポイントは解答欄をたっぷり、広くとること。図などがある場合は、拡大して真ん中にドンと貼ります。チマチマと貼っていては意味がありません。

　とにかく子どもが見やすく、書き込みやすくすることです。

　わが家の子どもたちには、高校３年生まで何かと切って貼って切って貼ってと私はしましたが、子どもたちは「あれは、ありがたかったなあ～」と言っています。私が作りまくった、問題と解答欄が一体化した「特製ノート」の作り方を右ページにまとめてみました。

一気にやったほうが疲れない

　これは、塾のテキストをもらったらすぐに作業をするのがポイントです。ちょこちょこやるのではなく、一気に仕上げます。

　私はコピーをとったら大きな袋に入れておき、空いた時間を使って切り貼りしていました。３日ほどかかりますが、大変と感じたことはなく、楽しく作業していました。

　このノートを子どもにハイッと渡せば、すぐに問題を解くことができますから、うちの子は鉛筆と「特製ノート」を持ってごろんと寝転んで問題を解いたりすることもよくありました。

　この「特製ノート」のいいところは問題が見やすく、解きやすいこと。式や図を大きく書く習慣づけにもなります。

佐藤ママ流「特製ノート」の作り方(98～99ページ参照)

① 塾のテキストを受け取ったらすぐに、問題をすべてコピー

　数字や図が小さい場合は、見やすいように拡大コピー。

② コピーした問題をはさみで切って大学ノートの左のページの一番上に貼る

　式と計算を書くスペースを考えて、計算問題は1ページに数題、文章題は1ページに1題だけ貼る、というように臨機応変にスペースを考える。解答欄は、とにかくゆったりとるのがコツ。必ず、答え合わせがしやすいように、テキストのページや章のタイトルを書いておく。

③ 単元の終わりのページには、「No.7 終わり」のように書く。

　これで、ひとつの単元が終わったことが子どもに一目でわかるので、「ここまでがんばろう」と励みになるのです。

慣れてきたら「問題番号記入ノート」(100～101ページ参照)

　子どもがだんだん慣れてきたら、コピーの切り貼りをやめ、テキストのタイトルと問題番号のみノートに書いていました。これをしておくと子どもは書く場所に迷いませんし、「1ページ1問でゆったり書く」を守ることができます。

■ 佐藤ママ流「特製ノート」作り方見本

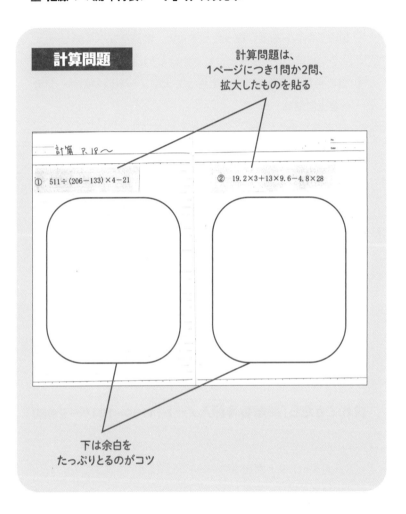

計算問題

計算問題は、
1ページにつき1問か2問、
拡大したものを貼る

計算 P.18〜

① 511÷(206−133)×4−21

② 19.2×3＋13×9.6−4.8×28

下は余白を
たっぷりとるのがコツ

図形問題

右側は計算式などを書くスペースに。
こちらも余白をたっぷりと

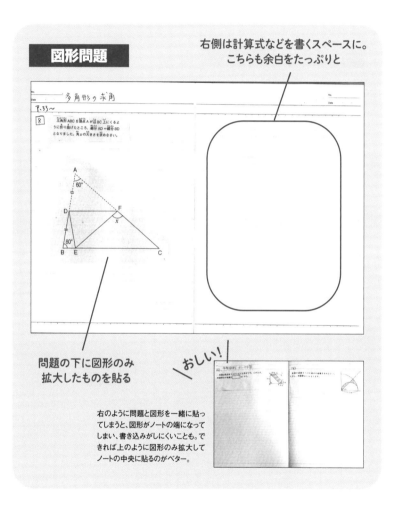

問題の下に図形のみ
拡大したものを貼る

おしい！

右のように問題と図形を一緒に貼っ
てしまうと、図形がノートの端になって
しまい、書き込みがしにくいことも。で
きれば上のように図形のみ拡大して
ノートの中央に貼るのがベター。

■ 慣れてきたら「問題番号記入ノート」

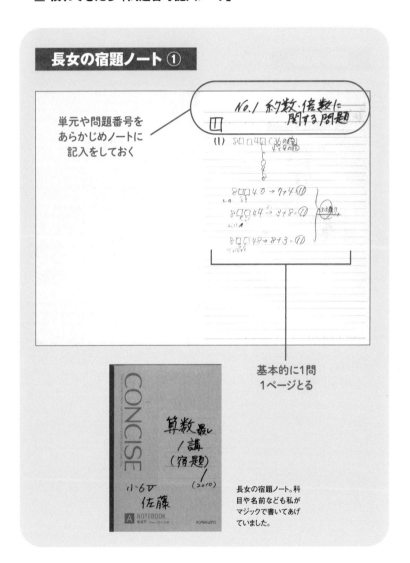

長女の宿題ノート①

単元や問題番号を
あらかじめノートに
記入をしておく

基本的に1問
1ページとる

長女の宿題ノート。科
目や名前なども私が
マジックで書いてあげ
ていました。

長女の宿題ノート ②

始まりと終わりが見えるよう、このように
インデックスを付けたことも

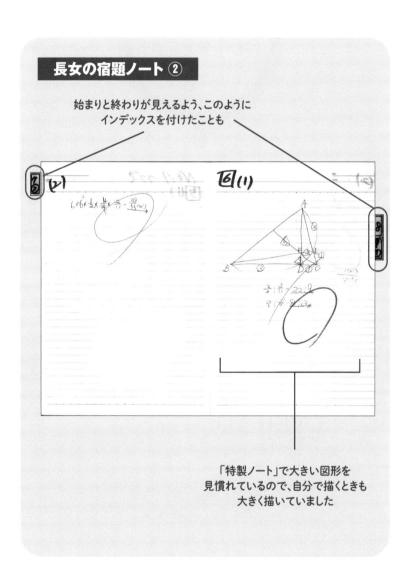

「特製ノート」で大きい図形を
見慣れているので、自分で描くときも
大きく描いていました

安浪
advice
Yasunami

書き込み式の算数のプリント教材は要注意！ノートがいい理由

☑ 前仕事　☐ 後仕事
☑ よりそい

解くスペースが狭いだけで
子どもは間違える

- Point -
プリントに書き込むより、ノートを使う

　1章でもお話ししましたが、塾で配られるプリント教材は子どもが使いやすいように設計されているものはほとんどありません。

　例えば、テキスト自体が書き込み式のプリント教材になっている大手塾もありますが、問題に応じてスペースが考えられているわけではありません。式が一行で済む問題も、ガッツリ線分図を書かねばならない問題も、解くスペースはすべて同じです。

間違える理由を考えてみる

　D君はテキストがプリント教材のサピックスに通っていました。

　模試の結果を見るとそれなりに算数が得意なようですが、「デイリーサポート」（授業で使うプリント）を見ると×だらけ。

　そこでD君に「この間違っている問題、何枚使ってもいいから、この紙に解いてごらん」とA4用紙をドサッと渡しました。

　すると、間違えていた問題が軒並み正解に。D君には「家で解く時は必ずノートに解くように」と専用ノートを作らせました。

　ふだん解ける問題も、解くスペースが狭いだけで不正解となってしまう光景をよく見かけます。それが何より怖いのは、一度間違えると「この問題が解けない」「この問題は難しい」という誤った認識を子どもに与えてしまうこと。それは学力の問題ではなく、単なるスペースの問題であることも往々にしてあります。

「前は解けていたのに解けない」という問題が出てきたら、一度思い切り広いスペースで、時間をかけて解かせてあげてみて下さい。

　そして、プリント教材であれ、塾指定のノートであれ、それらを解くスペースが狭い場合はノートを作って、広々解かせるようにしましょう。

プリント教材の解答欄は　狭いものが多い！

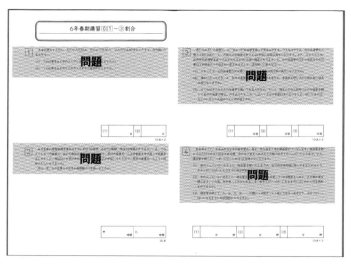

ある塾のプリント教材。問題文が長いわりには下の解答スペースが狭い（問題文は加工しています）。

■ ノートに書き直した例

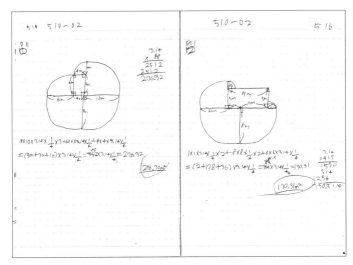

プリントの図形をノートに写させ、計算式を下にゆったりと書かせた例。この子も最初はうまく書けなかったが、だんだんうまく書けるようになり、ミスも減った。

佐藤
advice

Sato

答え合わせは
親がやったほうがいい。
見逃しがちな間違いも
きっちりチェック

□前仕事　☑後仕事
☑よりそい

「書き写しミス」は姿勢から見直してみる

- Point -

「答え合わせ」こそやるべきサポート

わが家では、塾などの宿題の答え合わせは私がやっていました。

宿題は丸つけまで全部子どもにやらせることが、子どもが学ぶということで成長につながると言う方が意外と多いのですが、私はそれは、実は危険なことだと思っています。

大人の世界でも、誰かがやった仕事を本人に見直させるより、第三者にチェックさせるほうが正確だということはわかっています。

漢字の丸つけも、子どもは正しいと思って書いていますから、解答と見比べたとき、2本線を引くべきところを1本しか引いてなくても、自分の答えが正しいと思ってしまうのです。

「思い込み」によるミスは怖い

思い込みというのはそういうものです。答え合わせというのは、間違いを見つけるものなのに重大なミスを見逃すことになりかねません。

漢字だけでなく、算数で単位が間違っている、社会で名称は合っているのに漢字が間違っているなど、子ども自身に丸つけをやらせるとあやふやになってしまうものはたくさんあります。

だから、答え合わせは、必ず第三者である親が大人の目でするべきだと思います。

　子どもは問題を解いてヘトヘトに疲れていますので、答え合わせは親がやってあげてはいかがでしょうか。

　また、丸つけをしていくと、子どもたちは「書き写し間違い」をしていることが多いことにも気が付きます。算数の計算問題で、筆算をするときにそもそも数字を写し間違えていたり、国語の読解問題で、「文章の中から書き出しなさい」という問いに対し、書き出す場所は合っているのに、書き写す途中で文字を間違えて減点になったり……。

　子どもは書き写すときに「丁寧に写そう」と意識せず、「面倒だな」と思いながら急いでやっているので、意識が途切れてしまい、間違えるのです。

　これを直していくためには、そもそもふだんのノートの取り方から見直していかなければいけません。

ノートを書くときの「クセ」が間違いにつながっている!

　利き手が右手の場合、左に教科書やテキスト、右にノートを置きます。教科書やテキストの文字や数字を書き写していく場合、左手を机の下にだらんと下げて、目だけで追って書き写す子がいます。こうすると書き写しミスが発生するので、必ず左手で教科書の問題を指で押さえて移動させながら、右手で鉛筆を持ってノートに書き写せば間違えません。

　このようなことは細かいことですが、親しか見てあげることが

できないことです。

　親も大変ですが、書き写しのミスは常に意識しないと直りません。くどくど言うと子どもも嫌になってしまうので、一気に直すのではなく、少しずつ、しかし、妥協せずにやっていきましょう。

＼ 間違いやすい漢字は「必殺ノート」を作ってまとめた ／

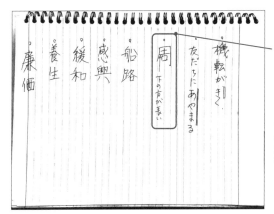

子どもが間違える漢字はたいてい決まっています。それらはリングノートにまとめていました。リングノートは、1枚1枚めくりやすいので復習するときに便利。ごちゃごちゃ書くと見直すのが嫌になってしまうので、カラーペンなどを使ってゆったり書くのがコツ。

こちらは間違えやすい部首をまとめたページ。

計算力が足りない子は宿題以外に「市販の教材」も使ってみる

□ 前仕事　☑ 後仕事
☑ よりそい

計算の土台がないと積み上がらない

- Point -

絶対やりたい「算数サポート」を知る

　塾の授業に参加し、宿題に取り組み、返ってきたテストの間違い直しをする──本来はこれだけでも大変です。でも唯一、塾の宿題以外に家庭で必ずサポートの必要なものがあります。

　それは「計算」です。

　中学入試で必要とされる計算力は、小学校の算数とは比べ物になりません。よって、小学校の算数のテストで100点が取れていても、塾や入試の計算問題には歯が立ちません。そもそも、計算力なくして算数、理科の物理・化学の問題を解くことはできません。

　計算は次のように分類されます。

レベル①	たし算、引き算、かけ算、わり算　※すべて整数
レベル②	小数、分数の計算
レベル③	整数、小数、分数の四則混合
レベル④	□の入った計算

　塾に4年生（3年生の2月）から入ると、レベル①は当然マスターしているものとみなされ、2、3月にレベル②を授業でそれぞれ1回ずつ扱い、その後は本格的な受験算数に入っていきます。つまり、小数と分数のフォローは塾で1回ずつしかしてくれないのです。

しかし、計算はある程度の量を解かないことには、型が身につきません。レベル②が確実に定着していなければ、レベル③④の問題を解くことは不可能です。

塾から出される日々の計算課題に毎日30分以上かかる子は、いったんそちらの宿題をお休みして、レベル①から積み上げ直す必要があります。6年生で模試の最初の計算から落とす子は、たいていレベル②からあやふやです。これは大手塾で中位クラスに在籍していても珍しいことではありません。

私がよく使っている問題集

計算力を鍛えるために、いつも私がおすすめしているのは以下の問題集です。

① 整数の計算の強化

■『陰山メソッド　徹底反復

新版　計算プリント』（陰山英男著　小学館）

学年別に計算が掲載されていますが、おすすめは1年生から3年生の内容（整数のたし算、ひき算、かけ算、わり算）です。小数、分数は次の②③で徹底的に鍛える必要があります。

② 小数の計算の強化

■『小学算数 にがてな小数の計算に強くなる！』

（小学教育研究会編著　受験研究社）

③ 分数の計算の強化

■『小学算数 にがてな分数の計算に強くなる！』

（小学教育研究会編著　受験研究社）

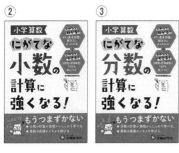

計算手順が細分化されています。子どもはすぐに小数点移動や帯分数、仮分数の使い方を忘れます。1日2〜3問で良いので、必ず親が隣について子どもが解いている手元を見ましょう。「1日4ページやっておきなさい」という丸投げはNGです。

偶数ページに新規事項が載っているので、まずは偶数ページのみどんどん進めていくのがおすすめです。

④ 計算のルール、教え方

■『つまずきやすいところが絶対つまずかない！小学校6年間の計算の教え方』

（安浪京子著　すばる舎）

計算を進めていくと、「3桁以上のわり算になると、商の見当がつかない」「どうしても帯分数のひき算がわからない」といった壁にぶつかります。そんな時、どう教えれば良いかについて説明しています。問題数は少ないので、あくまで①②③の補助教材です。

よく公文についても聞かれますが、公文と塾通いの両立はなかなか厳しいものがあります。もし公文を利用するならば、塾通いが始まるまでにF教材（6年生）を終わらせるのが目安です。

佐藤
advice

Sato

国語の読解問題は
音読サポート。
インタビューを取り入れ
記述の練習にも

□前仕事　□後仕事
☑よりそい

長い記述も得意になる

- Point -

面倒な読解問題の宿題を軽減

　算数の宿題は教えてあげることが難しいですが、そのほかの科目は親が手伝ってあげられるものもあります。

　例えば国語の読解問題。読解問題の宿題が3問出たとしたら、私はそのうちの1問は音読してあげていました。

　子どもは耳で聞くだけなのでラクですし、宿題をやる時間の短縮にもなります。

　子どもは寝ころびながら私が音読する内容を聞き、終わったら起きて解答用紙に書き込んでいるときもありました。私はそれでもOKとしていました。

読むだけでなく聞いてみる

　そもそも国語の読解問題は、高学年になるとだんだん難しくなってきます。小学生では理解するのが難しいのではないかと思われる文章が次々と出てきます。

　そこで問題を音読するだけでなく、インタビュー形式で子どもに聞いてみることもありました。

　「これはいつのお話？」「主人公はなんでこんなことしたのかな？」「このときどう思ったかな？」「あなたはどう思う？」

　というような質問をすると子どもはお母さんとの会話の中で問

題文が自分なりにわかるようになります。

　子どもの答えがそのまま質問の答えになるようにお母さんが上手にインタビューするといいですね。

　そのためには、お母さんは前もって「質問と解答」は読んでおくといいと思います。

　いろいろと質問をした後に字数制限などは考えずに書かせてみてください。

　そのあと、字数や言い回しなどを解答と見比べながら修正してみます。

模範解答はあくまで模範

　国語の記述の解答は非常に優れた日本語で書かれているので、そのようなレベルの文章を書くことはなかなかできません。解答の素晴らしさに圧倒されてやる気をなくすことが多いのですが、大まかな方向があっていたらよし、ということにしましょう。

　記述問題が苦手という場合、いきなり文章を書かせようとしますが、それは子どもにとってハードルが高すぎるのです。

　まずは気楽に内容について話をさせて、そのあとで「書く」ことに移行するのがコツです。

＼ 記述問題のスペースに圧倒されてはダメ ／

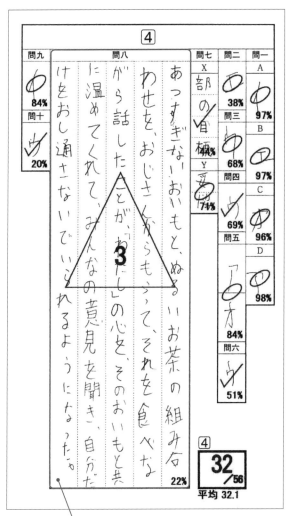

国語の模擬テストの記述問題例（6年）。これぐらいの文章量を書けるようになるためには、いきなり書かせるのではなく、まずは口で言えるようにする練習を。

安浪
advice
Yasunami

「宿題をしなさい!」
と言うだけではダメ!
ノセ上手な親がやっている
「コミュニケーション学習」

□前仕事　□後仕事
☑よりそい

教えられなくてもできることはたくさんある

- Point -

親も勉強を楽しもう

　昨今は子ども部屋があっても、リビングで学習するご家庭が本当に増えました。リビング学習は、親の目が行き届くという点だけでなく、受験勉強の孤独さを和らげてくれます（逃げ場もなくなりますが……）。

　しかし、リビング学習であっても「勉強しなさい！」「宿題やっちゃいなさい！」と子どもに全て丸投げしては、「うるさいなあ」とかえって反発されるだけ。中学受験の勉強だからこそ、スムーズに進むよう親が具体的によりそってあげる必要があります。

　今までいろいろなご家庭を見てきた中で、「うまくいっているな～」と思った親のよりそい方は次のようなものです。

【一緒に解く】
■ 漢字や計算　■ 宿題　■ 過去問
【会話する】
■ 理科・社会の知識問題を交互に出し合う
【見る】
■ 動画を一緒に見る

　ここに「教える」という項目が入っていないことにお気づきでしょうか。

佐藤家がうまくいったのも、最初から佐藤さんが「親は教えられないからプロ（塾）に任せようと思った」と割り切っていたことが大きな要因だと思います。

　「一緒に解く」時は、点数を競い合うと親子で燃えます。
　特に過去問に取り掛かる時期になると、子どものほうが点数を上回るようになります。「こんな問題が解けるなんてスゴイね」という親の素直な感想が、子どもにとってどれほど嬉しく、そして自己肯定感の高まる言葉か。また、一緒に解くことで、親も問題レベルを把握でき、むやみに点数の低さをなじることがなくなります。

　「わが家は共働きだし、下の子もいるし、そんな余裕や暇はない」と思われる方もいるかもしれませんが、「一緒に解く」のはせいぜい数分から数十分。時間で区切ることができ、採点しておしまいなので、ダラダラ続くことはありません。

理科・社会は動画や漫画を取り入れる

　「会話する」は小さな兄弟のいるご家庭にうってつけです。佐藤さんのご長女もそうですが、幼いうちから兄や姉の勉強している環境、会話のレベルが当たり前となり、未就学児でも「めだかの見分け方」がインプットされたりします。
　「見る」は、該当単元の解説動画だけでなく、理科や社会にちなんだテレビ番組も理解を深めます。
　2021年の大学入試共通テストでは、NHK「ブラタモリ」の天

橋立特集が役立ったことは話題になりました。こういった番組は子どもだけに観せておくのではなく、一緒に観るからこそ「この実験の結果、ママはこう思う」「頼朝と義経、どっちが好き？」と会話を深めることができ、子どもの記憶に残りやすくなります。

歴史漫画タイムワープシリーズ『戦国時代へタイムワープ』

（チーム・ガリレオ著　朝日新聞出版）

子どもたちが主人公になった臨場感あふれるストーリーが読みやすい歴史漫画。コラムも充実している。歴史学習の入門に。

個人的におすすめなのが「NHKオンデマンド」（有料）です。

塾の授業で該当する単元を検索して観ることができますし、わが家でも、歴史漫画の『タイムワープ』シリーズで興味を持った時代を「その時歴史が動いた」「歴史秘話ヒストリア」「NHKスペシャル」などから探し、家族でよく一緒に観ています。

また、受験勉強を頑張る子どもをちょっと特別扱いをするのも効果的です。

「今日はパパも集中して仕事したいから、一緒にファミレスで2時間頑張ってからパフェ食べちゃおうか」と場所を変えると、気持ちも切り替わるようです。

コロナ禍でカフェやファミレスもパーテーションやアクリル板で区切られており、適度なパーソナルスペースが確保されているため「すごく集中できる」という話もよく聞きます。

佐藤
advice

Sato

「やること」が見えないと
集中力を失う。
1週間、1日単位で
スケジュールを作る

☑前仕事　☐後仕事
☑よりそい

「全体量が見通せる」ことが大事！

- Point -

スケジュールを長期と短期に分ける

　家に帰って机の前に座ってから「さて、今日は何を勉強する日だっけ?」

　こんなことになっていませんか?　やることが決まっていないと、つい興味・関心が勉強以外のことに行ってしまい、やる気が起きない。大人でもそういうことありますよね?

　スケジュール管理は中学受験生にとって欠かせません。私は、子どもたちのスケジュールを1日、1週間、長期の休みごとに立てて、「見える」ようにしていました。

　私がやっていたスケジュール管理を紹介します。

カレンダー2カ月分を机の前に貼る

　カレンダーは今月と来月の2カ月分を並べてそれぞれの机の前に下げておきます。そうすると、来月の模試の予定も目に入ってくるので、意識も高まり、「あの単元を復習しておこう」と、早め

にテストの準備がしやすくなります。1日1日のスケジュールも大事ですが、こうして大きな流れを頭に入れておくのはとても重要なことです。

1 週間分の時間割を作成 （126 ページ①）

　1 週間の中でも帰宅時間、塾がある日・ない日、宿題の内容など日によってさまざまです。そこで1 週間単位で見渡せるスケジュールをA 4 の紙で作りました。塾がある日は、塾の授業時間、塾からの帰宅予定時間、帰宅後にやる勉強を、塾がない日は、帰宅後にやる勉強を手書きで記入します。学校から帰って着替える時間や夕食の時間はここでとる、と想定して作成します。何の勉強をするか、科目まで決めておきます。就寝時間は、4 年生は 10 時 30 分、5 年生は 11 時、6 年生は 11 時半にしました。これは 4 年生から 6 年生までそれぞれに作りました。

1 日にやることをノートに書く

　1 週間の予定をもとに1 人 1 冊ずつ大学ノートを用意し、「その日にやることメモ」を作成しました。毎日机に置き、子どもが学校や塾から帰宅したら何をすべきかすぐにわかるようにしておきました。

　「その日にやることメモ」には、

■ 18：00 ～ 18：30　算数問題集 P20 ～ 30
■ 18：30 ～ 19：00　国語プリント NO.4、5

のように、時間、テキスト名、ページ数を細かく書いておきます。

　運動会の練習など、学校の行事があって疲れているときもありますので、そのときは負担の少ない知識問題を中心に予定を立てるなど、調整していました。

長期休みは専用のスケジュール（127 ページ②）

　夏休みなどの長期休みは、レベルアップに欠かせない大切な期間です。

　塾の講習などもあり忙しいですが、学校がないぶん受験勉強にあてることができます。

　塾からもらった白紙の夏休みのスケジュール表に、

■ **起床時間**　■ **塾の授業時間**　■ **いつ宿題をやるか**
■ **食事、移動、就寝時間**

を記入していました。塾の授業は、早朝特訓があったり、模試があったりするのでそれぞれに記入。

　家庭学習は基本的に塾の宿題なので、その日にやることは先ほどの「ノートのメモ」に書いて渡していました。

　スケジュールづくりに大切なのは、「自分でやるべきことが見えている」ということです。全体の量が見えていれば、「これをやれば終わり」となるので早く終わらせようとがんばります。もちろん、全部スケジュール通りに終わらないこともあるでしょう。

　そのときは、翌日以降に少しずつ振り分けます。できたことを褒めて、認めてあげることが子どものやる気を高めるコツです。

■ ①1週間スケジュール例

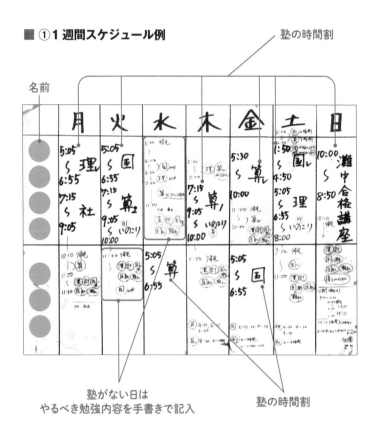

塾の時間割

名前

塾がない日は
やるべき勉強内容を手書きで記入

塾の時間割

三男と長女の1週間スケジュール。まずは塾がある日をカラーペンで記入し、そのほかの曜日に何をすべきか手書きで書いていきました。これを見れば、1週間のやるべきことが俯瞰できます。その上でその日にやることもノートに記入し、机に置いておきました。

■ ②夏休みスケジュール例

塾の時間はカラーペンで記入

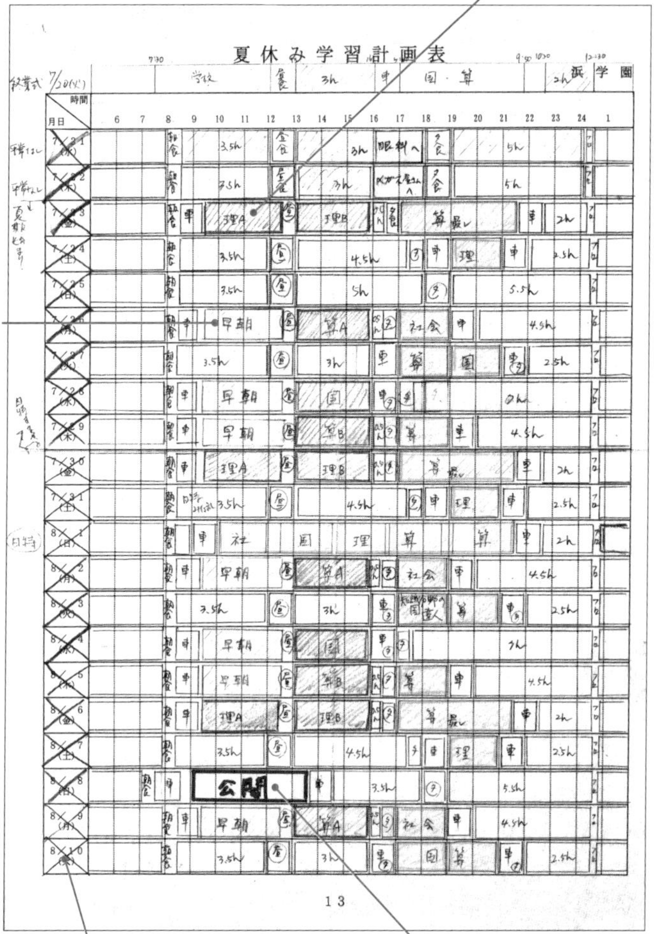

夏休み学習計画表

塾の「早朝特訓」。宿題もここでやっていました

1日が終わったら×印でチェックしていく

模試の色は目立たせる

長女が6年生のときの夏休みスケジュール。塾からもらったプリントに私が記入したもの。「塾がある日から逆算していつ宿題をするか」などを練りに練って作成しました。これをコピーして私と本人が一部ずつ持ち、その日するべきことを確認しながら進めていきました。

安浪
advice
Yasunami

子どもに記入させて
スケジュールを
「わが事」に。
「できたこと」に目を向ける

☑ 前仕事　☐ 後仕事
☑ よりそい

スケジュール管理は
一度では上手くいかない

- Point -
子どものタイプを見極める

　佐藤さんが完璧なスケジュールを作り、お子さんたちはそれをしっかり守って実行していたとのこと。素晴らしい！の一言に尽きます。

　ただ、私がいろいろなご家庭を見てきた経験から言うと、この方法が成立するのは「親子の信頼関係が盤石であること」「子どもの精神年齢がある程度高いこと」の2つがそろっているご家庭だと思います。

親子で考えて、子どもが記入

　佐藤家のようにうまくいかないときは、まずやることや量を親子で一緒に考えて、スケジュール表には子どもに記入させましょう。このことによって、スケジュールが親の一方的な押し付けではなく、少しずつ「わが事」となってきます。

　適したスケジュールの作り方は、学年やお子さんのタイプによって、異なります。以下で紹介する子どものタイプの例を参考にしてみてください。

ざっくりスケジュールがおすすめの子

　自分で「いつまでに何をすべきか」がわかっている、また自ら行動できる子は、ガチガチのスケジュールだと反発し、やる気を

失います。そのため決めるべきは、次の3つです。

■ **1週間でやること**
■ **どの曜日に何をするか**
■ **1日のうち、いつ勉強するか**

　以上を、最初は親子で、慣れてきたら本人に決めさせ、カレンダーやスケジュール帳を使って本人に書き込ませましょう。

　とはいえ、「火曜日は17時から勉強」と決めていても、なかなか17時ちょうどには子どもは動きませんが、「そろそろやろうかな」と本人が腰を上げるまで、親から声をかけるのはNGです。

細かいスケジュールがおすすめの子

　自分で時間管理ができない子（ほとんどそうですね）は、時間感覚を身につけさせる必要があります。

　これは生活リズムにも通じるため、親子で相談しながら、ある程度細かくスケジュールを立てましょう。この際も親が一方的に立てるのはNGです。

　また、高学年になると塾の宿題量が一気に増えて全量の把握が難しくなり、未消化の宿題が出てきたり、終わらせるために宿題が流れ作業になりがちです。こういう時にも、細かいスケジュールが向いています。

　親子で取り組むことにより、子どもも"スケジュールの立て方"が身についてきます。そして受験が「わが事」になると、自分で

細かいスケジュールを立てられるようになります。

とはいえ、スケジュールを立ててもその通りに行動できる日は稀かもしれません。親が完璧を目指しすぎると親子ともどもストレスがたまり、スケジュールづくりが嫌になってしまいます。

ポイントとしては、1日ごとに振り返り、「できなかったこと」より「できたこと」に目を向けて大げさに褒めてあげましょう。スケジュール表に花丸をつける、シールを貼ってあげる、などでも子どもは喜びます。

スケジュール通り進まなかったものはその予定を流すのか、別日にするのかを親子で話し合い、残りの日のスケジュールを調整しましょう。

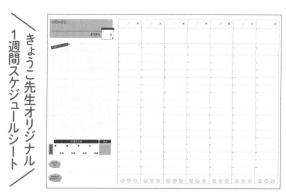

きょうこ先生オリジナル
1週間スケジュールシート

このスケジュール表は時間枠を「面」で捉え、1日と1週間の時間配分を視覚的に捉えることが最大のポイントです。スケジュールを自分で立てられるようになるまでは、親子で一緒に記入してみましょう。

※具体的な記入の仕方は『中学受験　最短合格ノート』に紹介しています
スケジュールシートは以下からダウンロードもできます

https://publications.asahi.com/
ecs/14.shtml

『中学受験 最短合格ノート』

（朝日新聞出版）

中学受験への心構えについて、「チームづくり」「時間管理」「勉強のコツ」「志望校選び」「メンタルコントロール」の5つに分けて解説。1週間スケジュールシートの付録付き。

佐藤
advice

Sato

三男がやっていた
「15分ぐるぐる勉強法」
コマ切れでやることで
集中力がついた

☑ 前仕事　　□ 後仕事
☑ よりそい

キッチンタイマーは勉強の必需品!

- Point -
15分でやれる量を事前に準備

　わが家のリビングのキッチンに近い場所にある冷蔵庫の側面には、キッチンタイマーが10個以上くっついていました。ひもがついているものもあります。

　これらは、子どもたちの時間管理に欠かせない勉強アイテムです。

　キッチンタイマーは中学受験から大学受験のときまで大活躍しました。

　そもそも子どもは時間感覚がほとんどありませんし、「早くやりなさい！」という漠然とした声かけは全く役に立ちません。

　「10分でやろうね」と具体的に数字に落とし込み、実際にキッチンタイマーで計ってやってみる。これを繰り返すことによって時間感覚がついてきます。勉強の合間の休息時間を計るときにも役立ちます。

15分ごとに緊張し直す

　このキッチンタイマーをもっとも使っていたのは三男かもしれません。

　そもそも、上の二人の兄たちと比べて集中力がなかった三男。

　塾の先生に三男のことで相談をしていたとき、「佐藤くんは集中力が15分ぐらいしか続きませんね」と言われたのです。

　ビックリして、「どうしたらいいですか？」とお聞きしたら、「15

分を 20 分に伸ばそうとするのではなく、15 分を何回か緊張し直すようにしたら大丈夫です」と言われて、なるほど、と思いました。

そこでやったのは、15 分ずつ科目を替えてやらせること。算国理社の宿題を、15 分でできる量を見極めそこに付箋を貼るのです。「はい！」と算数のテキストを始め、15 分たったら、算数がまだ途中でも次の国語に交代する。

そして、また 15 分たったらやっている問題が終わっていなくても、次の理科に移る。15 分たったら社会を 15 分。また次の 15 分は算数。というようにぐるぐるやることを回すのです。

時間がきたら、終わっていなくても取り上げる

初めは、いつものようにのんびりやっていますが、問題が途中でもノートを取り上げられるので、次の 15 分では途中までやっていた問題もまた初めからやらないといけなくなります。

国語も途中だと長文をまた初めから読み直しということになり、さすがに子どももそれは面倒だし時間の無駄ということが身に染みます。そうなると、15 分間で取り掛かった問題は済ませようと子どもは必死になるのです。15 分間の集中力は、どんどん上がってきます。

その際、てきぱき進めることが大事なので、事前の親の準備が必要です。

子どもに、15 分たったら「はい！」「はい！」という感じで子どもの前に即座に次のノートを置くことが大きなポイントです。

子どもがやっている科目が終わりそうになって、次の科目の付箋

を慌ててつけるようでは、リズミカルに進まず効果は半減します。それで、私は子どもが学校に行っている間に塾の全教科の宿題をチェックして15分でできそうな量を見極めて付箋をつけていました。

　4教科をそのやり方ですると、驚くほど進みが速いのです。しかも、ものすごい集中力なのです。15分ごとに科目が替わるのは目新しい感じがするのでしょう。

　結構楽しそうに毎日していました。その日にやる量は決めていますから、その量が済むとその日は終わり、「お疲れ様でした〜」ということになります。

　実は、子どもが学校に行っている間にすべてのテキストに付箋をつけながら、いつになったらこれをつけなくてよくなるのかなと考えることもありましたけど。

集中力は鍛えられる

　この「15分ぐるぐる勉強法」を2カ月やっていったら、ふつうに2、3時間連続で集中できるようになりました。この時期は相当宿題の量が多かったのですが、ものすごい速さで済ませられて日々宿題に追われるという感じはなくなりました。

　集中力はトレーニングで鍛えることができると思っています。でも、あくまで1回の時間は短く、期間をかけて、が鉄則です。子どもによってその時間や期間は違うので焦らないでやってみてください。

集中力を阻む原因を遠ざける

理想的な学習空間を作っても、子どもはそう都合よく勉強に集中するわけではありません。集中力を阻む要因は世の中にたくさん存在します。

■ 睡眠不足

集中力を阻む原因第1位です。「こんなにやっているのに、むしろ成績がどんどん下がるんです……」とご相談されるご家庭に、「勉強量を減らして睡眠時間を確保してあげて下さい」とアドバイスをするだけで、成績が元に戻るケースも珍しくありません。

また、子どもは自分が睡眠不足ということにも気がつきにくいもの。「算数の宿題をしているといつも眠くなっちゃう」という小学生は、自分の意思が弱くて逃げていると思い込んでいる、あるいは思い込まされていたりしますが、実は単なる睡眠不足ということも多々あります。

■ スマホ、ゲーム、テレビのルールは厳守

小学生が、自分の意思で盛り上がっているゲームを中断するのは至難の業です。なぜなら、ゲームはプロであるゲーム会社が、「絶対飽きないように」作っているからです。

親子で「1日○分（時間）」と決めたら、ルールを破った際のペナルティも必ず決め、それを遵守しましょう。

多くのご家庭が、そもそもルールを決めていない、あるいはペナルティを課そうとして暴れたわが子に手を焼き、ルールをなし崩しにしています。頑として「親が」ルールを守る姿勢が何より大切です。

また、ゲームを隠しても子どもはすさまじい嗅覚で見つけ出します。ゲームを取り上げる場合は、家の中に隠さず、外に持ち出すのが賢明です。

3 章

テストサポート

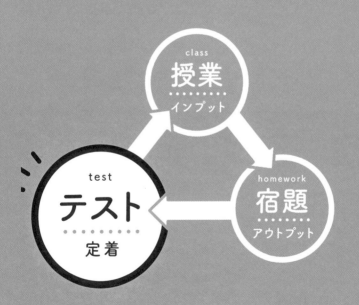

テストの点数や偏差値に
こだわる必要はなし

安浪

ここからは、受験には欠かせないテスト対策について
です。

佐藤

まずやっちゃいけないのは、**テストの点数や偏差値だ
けを見て厳しく怒ること**ですね。テストは点数を見る
んじゃなくて、**何を間違えているのか、どうして間違
えたのかをじっくり見ないと**。

安浪

本当にそうです。私はカウンセリングのときは必ずテ
ストの問題用紙を持ってきてもらい、**どうやって答え
を出しているか、途中式や筆跡をチェックします**。偏
差値とかはどうでもいいんです。

佐藤

そう！　偏差値とかどうでもいいの！　必ず間違って
いる理由はあるんだから、その因果関係をみないと。
これは学校のテストもそうです。

安浪

あとは、**親御さんたちはよく間違えた問題を順に解き
直しさせようとするんですが、それは効率が悪い。私
は「はい、バツのついている中で取れなきゃいけない
問題どれ?」って必ず聞く**んですよ。すると子どもは
「やっぱり計算かな」とか、自分で見つけていきます。

佐藤

計算間違いはね、ダメですね（笑）。

安浪

大問1に単位の計算とかあると、親はそれも計算でしょ？と思うけど、子どもは「これは取れると思わない」って外したりするんですよ。取れるか取れないかは本人がいちばんよくわかっています。

見直しに時間をかけずに 次に進んでいく

佐藤

間違っている問題って必ず原因があるから、それを自分で思い出させることが大事。その因果関係を考えずに、親は「やる気がないからこんな点数なんだ」とか、「注意力がないから間違えた」とか、性格のせいにしちゃう。

安浪

因果関係を考えさせることはとっても大事ですね。

佐藤

些細な計算間違いでも、「ちゃんと注意して丁寧にやりなさいよ」って言うだけじゃなく、**「なんでこれを間違えたのかな？」って原因を見つけてあげないと**。

安浪

そうなんです。よく見たら、書き方を間違えたり、わり算のやり方を間違えたり、何かしら原因はありますね。**それがわかったときに、子どももスッキリするし、そこで初めて「次は気をつけないと」という気持ちになれますよね。**

算数のテストでは筆跡が大事

佐藤

そうやって丁寧に見直していくと、テストの見直しって全部やるのはムリですよね。子どものレベルにもよりますけど。

安浪

そうですね。だって、その週にやらなきゃいけない塾のカリキュラムがあるので。**ある程度はカリキュラムに乗っていかないとどんどん遅れるし、わからなくなってしまう。**

佐藤

そうそう。見直しも大事なんだけど、その日にやらないといけない宿題もある。だから前に進むことが大事なんです。それなのに、見直しが捨てられなくて、新しい宿題を捨ててる人いますよね。逆ですよ。新しいものはやらないと。とりあえず**前に進んでいくことが大事。**

安浪

「正答率が高いものを見直す」というのは大前提ですが、指導の立場から言うと**正答率が高くてもこの子はこの分野が苦手っていう時は飛ばしたりします**ね。例えば、植木算の苦手な子が、テストで正答率が高い植木算の問題をやはり間違えてきた。でも、それを1から解説していたら時間がないので、これは正答率高いけど今はやらなくていいよ、って言って他を見直し、その日の課題をすすめます。

佐藤

あと公開テストの復習で大切なのは、問題用紙、解答用紙があって、そのほかに計算用紙をくれるんですけど、その計算用紙を見ることですね。**答えを出すまでに計算をどうしたかっていう過程をきちんと見る**。チマチマ書いたり、図がいい加減だったりするのはダメ。頭の中は計算用紙でわかりますから。

安浪

浜学園の公開テストは問題用紙のレイアウトが詰まっているから、別に計算用紙をくれますよね。関東では計算用紙を配られないことが多いので、問題用紙の余白に書かれた計算跡を見ます。

佐藤

できない子って余白にちょこちょこって書く。ふつう、計算って上から下に順番に書いていくじゃないですか。でも**子どもって白いところに点々と書くんですよ**。そうするとね、せっかく出た答えを解答用紙に写すのを間違えるんですよ。

安浪

筆跡をみると子どもの状況は手に取るようにわかりますね、本当に！

安浪
advice
Yasunami

すべての道は
復習テストから。
復習テストは
勉強のリトマス紙

□ 前仕事　　☑ 後仕事
☑ よりそい

塾のテストにはいろいろあるが、まずはこれ！

- Point -

復習テストを甘く見ない

　家は「屋根」「柱や壁」からできています。中学受験の勉強を家に例えるならば、さながら復習テストは柱や壁、公開テストは屋根、入試は仕上げの塗装になります。つまり、復習テストで点数を取らねば、その上に何も積み上がっていかないという事です。

　よく「復習テストは取れないけれど、公開テストは点数が取れる」という子がいますが、それが通用するのもせいぜい5年生まで。中学受験は地頭（土地）だけでは乗り切れません。土地の上に柱や壁を、きちんと積み上げていく必要があるのです。

親の不安で手を広げるのはNG!

　Eちゃんに会ったのは6年生の5月。5年生までは偏差値60前後だった算数が、6年生になってみるみる下がってきた、という相談でした。この相談、本当に多いんです。

　日々の勉強方法を聞いているうちに、成績の下がった原因がわかりました。

　あれこれと手を出しすぎです。

　まず、Eちゃんは2つの塾に通っていました。メインの塾では平常授業に加え、各種補強講座。サブの塾は最難関校に向けた特訓授業。1週間のうち、塾のない日が1日しかありません。どの授業も宿題が出るので、やることが多すぎて、すべておざなりに

なっている状態でした。

復習テストは範囲がそれほど広くないので、器用なEちゃんは解き方をサクッと暗記できてしまいます。暗記も、定着するまで徹底的にやるならば力になりますが、Eちゃんは直前にチャチャッとテキストを見ておしまい。それでも何となく点数が取れてしまっていました。

あれこれ手を出す前に復習テストをしっかり

Eちゃんのお母様には、「塾をひとつに絞ること」「平常授業を最優先し、その復習テスト対策に重きをおくこと」をお伝えしました。

「最難関を目指しているのに、平常授業の復習テストなんかじゃ足りない」とむくれるお母様に、「それは平常授業の復習テストで満点が続くようになってから言って下さい」と言うと、渋々口をつぐみました。

平常授業の復習テストは、おざなりに取り組まず、ある程度時間をかけて、丁寧にきちんと取り組む必要があります。

まずは、そのための時間を確保しましょう。時間をかけても理解できないことだって当然出てきますが、その場合は徹底的に繰り返し、復習テストで点数を取る努力を続けることです。

質は量についてきます。復習テストを大切にすれば、ゆっくりとではありますが、確実に力はついてきます。

テストの点数はいちいちとやかく言わない！
いい点数のときは子どもから見せてくるはず！

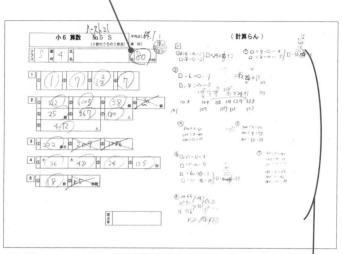

上はある塾の復習テスト（小6算数）の答案用紙の例。復習テストは
塾によって名称や頻度が違うが（153ページ下参照）、ほぼどの塾で
も授業の定着度をはかるテストは行っている。まずはこの復習テスト
の点数を上げていくことが実力をつけていくカギになる。

大事なのは点数より筆跡（166ページ参照）。
計算式や筆算がしっかり書けているかチェック！

佐藤
advice

Sato

塾生活の成功の カギを握る復習テスト。 月一のテストは復習テスト の見直しで対策

□ 前仕事　　☑ 後仕事
☑ よりそい

復習テストで点数が取れると
塾に行くのも楽しくなる

復習テストは100点を目指して準備した

　テストというと、偏差値や合否判定が出る大きいテストのほうに関心がいきがちですが、前項で安浪先生がおっしゃっているように、私も復習テストがまず大事だと思っています。

　今まで、塾を成功させるコツは「授業→宿題→テスト」の三角形をうまく回すこと、というお話をしていますが、ここでいうテストとは一貫して復習テストのことです。

とにかく復習テストを主軸に

　うちでは86ページでも紹介したように、宿題は3日に分けて全部やり、復習テストは毎回100点を目指すようにしていました。宿題ができないと、復習テストができない、すると塾に行きたくないという悪循環が生まれてしまいます。

　「宿題をしっかりやって、復習テストもいい点が取れる」といういいサイクルができれば、子どもも前向きに頑張ろうと思えるのです。

　やはり、これが授業→宿題→テストの三角形をうまく回すコツだと思います。

　とはいえ、テスト前にどんなに準備しても復習テストで100点

はなかなか難しいものです。自分では完璧に仕上げたと思ってテストに臨んで100点を取りにいっても、思いがけないところを間違えてしまいます。本人はそれを非常に残念に思いますが、毎週毎週繰り返していくうちに、「人間って完璧だと思っていてもミスするんだ」と実感できるようになり、より丁寧に準備をして臨まなければならないことが身に染みます。このようにして受験までに精神的にも成長していくのです。

月一のテストは復習テストの見直しで対策

では、月一の模擬テストはどう対策をしていたかというと、基本的に復習テストを見直すことで対策をしていました。

つまり、月一のテストに向けた特別の対策はしていないということです。そもそも、学力テストだけの対策をしている時間はありませんし、あれこれ手を広げすぎてもどっちつかずになってしまいます。その代わり、ひたすら復習テストを繰り返し見直していました。

そこで、復習テストは使いやすいように、テスト・解答・子どもの解答をセットにして整理していました（次ページ参照）。

一度に多くの穴をあけることができるゲージパンチ（写真左）と紙を綴じるリング類。佐藤さんが使っていたリングは残念ながら今は販売されていないが、同様のものが「スライドリング」、「ルーズリング」などの名称で販売されている。材質やリングの大きさはいろいろあるので好みのものを使って。

148

復習テストは穴を開けて1冊に綴じ 模擬テスト前に見直し

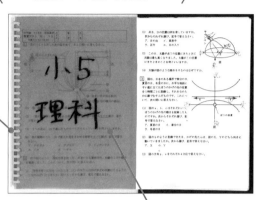

テストの端に
ゲージパンチで
穴を開け、
市販の
リングで綴じる

表紙はいらない
クリアファイルを
切り取り、
穴を開けて使用

間違った問題のみ
復習できるよう
印をつけておく

自分の解答用紙は別に
まとめてファイルしておき、
模範解答のみ綴じる。
こちらも間違った問題に
印をつけておく

テストや見直したいプリントをまとめるのには、このように自家製ルーズリーフが役に立ちました。二つ折りにすればかさばらないし、見直しもしやすい。とくに理科は同じような問題が繰り返し出されるので重宝しました。

安浪
advice
Yasunami

復習テストの
目標点数を決める。
満点を目指せる子、
目指せない子とは?

☑前仕事　□後仕事
☑よりそい

塾やクラスによって目標点数は異なる

- Point -
わが子が通う塾、クラスを改めて確認

　何より大切な復習テスト。では、具体的に何点を目指せば良いのでしょうか?

　佐藤さんは毎回100点を目指していましたが、実はそれが可能な場合と難しい場合があります。

【復習テストで満点を目指せる場合】

① 復習テストがクラス別に「細かく」分かれている

　佐藤家が通っていた浜学園は、クラスが「V / S / H」と分かれており、復習テストも「V / S / H」の3種類があります。四谷大塚もクラスが「S / C / B / A」と分かれており、復習テストも「S / C / B / A」の4種類があります。

② 復習テストの範囲が狭い

　復習テストの範囲が1週間分の場合は範囲が狭いため、対策がしやすくなります。

③ 在籍クラスの授業内容が理解できる

　塾の授業が理解でき、板書もきちんと写せる余裕があれば、宿題にも取り掛かれます。

　①②③を満たしている場合は、ぜひ復習テストで満点を目指す

べきです。佐藤さんが「100点を目指した」と話されるのはこれらの条件を満たしていたからです。

【復習テストで満点を目指しにくい場合】

④ 復習テストとクラスが連動していない

サピックスはクラスがα〜Aと多岐にわたりますが、デイリーチェックは「Ｈ／Ｍ／Ｌ」の3種類で、どのクラスがどのレベルのテストを扱うかは校舎によって異なります。テストとクラスが連動していないと、扱っていないレベルの問題が出題される事があります。

⑤ 範囲が広い

四谷大塚の週テストは、その週に勉強した内容が75%、前週に勉強した内容が25%出題されます。日能研の学習力育成テストは2週間に1回なので、2週間分の内容が盛り込まれています。このように範囲が広いと、最新の学習内容は覚えていても、その前の内容を忘れてしまいがちです。

⑥ レベル不相応の問題が含まれている

日能研の学習力育成テストは、全員「共通問題」を解き、後半はクラスに応じて「基本」もしくは「応用」を解きます。この共通問題には、下位クラスの子に歯の立たない問題もあります。

また、サピックスのデイリーチェックの大問1は「基礎トレ」の一行題が含まれており、下位クラスの子には難しい問題も含まれています。

⑦ 在籍クラスの授業についていけない

　塾の授業が理解できなければ、宿題も思うように進みません。また、授業についていけていない場合、板書を上手に写せていないことも往々にしてあります。

　もちろん、サピックスでも授業にある程度余裕を持ってついていければデイリーチェックで、日能研で得意単元が2週間続いていれば育成テストで、ぜひ満点を目指して頑張りましょう！

■ 主な塾の復習テスト例

		名称	間隔	内容
関東	サピックス	デイリーチェック	毎授業前	毎授業前に前回の宿題を理解しているかどうかを確認する。テストの種類は「H/M/L」の3種類あり、どれを扱うかは校舎やクラスによる。
	早稲田アカデミー	週テスト	毎土曜日	土曜日に実施。YTネット上で成績を確認することができる。
	四谷大塚	週テスト	毎土曜日	土曜日に実施。YTネット上で成績を確認することができる。
	日能研	学習力育成テスト	月3回（日曜日）	月3回のうち1回は実力テストになるので、基本的には2週間分の内容になる。それまでの「カリテ」から名称が変更になった。
	栄光ゼミナール	復習テスト	毎授業前	毎授業前に前回の宿題を理解しているかどうかを確認する。
関西	浜学園	復習テスト	毎授業前	毎授業前に前回の宿題を理解しているかどうかを確認する。
	能開センター	確認テスト	毎授業前	毎授業前に宿題を理解しているかどうかを確認する。
	希学園	復習テスト	毎授業前	毎授業前に前回の宿題を理解しているかどうかを確認する。
	馬渕教室	復習テスト	毎授業前	毎授業前に実施。事前に「復習テスト」の範囲表を配布。
	日能研関西	学習力育成テスト	月3回（日曜日）	月3回のうち1回は実力テストになるので、基本的には2週間分の内容になる。

※内容は編集部調べ。学年や校舎によっても異なるので、詳しくは校舎に問い合わせを

佐藤
advice

Sato

優先すべきは
テストの見直しより
その週の宿題。
とにかく先に進む

□前仕事　☑後仕事
☑よりそい

テストの点数は一気に上がらない

- Point -

復習テストの見直しはすぐに、手早く

　安浪先生との対談（138 ページ〜）で、先生は生徒さんに「バツのついている中で取れなきゃいけない問題はどれ？」と聞いてそれを優先的に見直しする、というお話がありました。私もテストの答案が返ってきたら、子どもたちに「惜しかったな、この問題は取れたのにっていう問題はどれ？」と聞いていました。すると子どもたちは「これとこれ」と 2 問ほど指さします。その問題だけを見直すのです。見直しの時間はだいたい 15 分ぐらいのイメージでしょうか。

　テストの見直しってそもそも面倒くさくて、気がのらない作業です。でも「これはひょっとしたら取れた問題だ」と思うと、丁寧に見直すものです。

　その、「ひょっとしたら……」こそ次につながります。「ああ、ここは字をもっとキレイに書いてたら間違えなかったな」「ここは通分を間違えなければよかったな」など印象が残ります。そうしたら次からは、計算を丁寧にしよう、通分を間違えないようにするぞ、という気持ちでテストに臨めます。

見直しは完璧を目指しすぎない

　その繰り返しで少しずつ点数をアップさせていくイメージです。テスト直しを軽くする理由のひとつは、テストの見直しより次の授業の宿題をやることを優先したいからです。

わからない問題に時間をかけるよりも、宿題を優先してどんどん先に進めていく。完璧を目指さないこともうまく回していくために大事なことです。

点数だけを見て叱るのはナンセンス

　「今の学力では難しくて解けない問題」を選んで解き直しをさせても、結局、わからないし時間もかかるし、親はつい叱ってしまうし、いいことがありません。「もう少しで解けた惜しい問題」を完璧に解けるようにして、次のテストでは間違えないようにする。それがテストの見直しのコツです。

　くれぐれもやってはいけないことは点数だけを見て叱ることです。

　それよりも、「もう少しで取れた問題」に目を向け、「これ残念だったね。もう少しでできたね」と話しながら見直しをしていきます。

一直線には上がっていかない

　毎回の復習テストでこれを繰り返していくと、イメージとしては5週間で5点上がっていきます。1カ月少しかかることになるので、地道な努力が必要ですが、いきなりでなく、少しずつ上がっていくことを重視してください。

　人間は右肩上がりに一気に成長することはありません。同じ点数で足踏みしている状態が続くこともあるでしょう。しかし、我慢して続けていけば必ず効果は表れます。

　親も焦らず、「もう少しで取れた問題」を見直していく作業を繰り返してみてください。

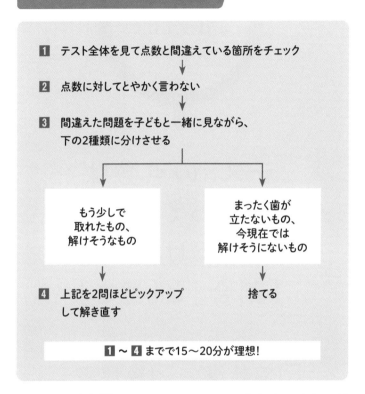

佐藤ママ流テスト直しのコツ

1 テスト全体を見て点数と間違えている箇所をチェック

↓

2 点数に対してとやかく言わない

↓

3 間違えた問題を子どもと一緒に見ながら、
下の2種類に分けさせる

| もう少しで
取れたもの、
解けそうなもの | まったく歯が
立たないもの、
今現在では
解けそうにないもの |

↓

4 上記を2問ほどピックアップ　　　　捨てる
して解き直す

1 ～ **4** までで15〜20分が理想！

テストごとに 1〜4 を繰り返し、5週間かけて5点上げていくイメージ

安浪
advice
Yasunami

テストの点数は
体調によっても変わる。
時間をかけるべきは
「割合」と「速さ」

□前仕事　☑後仕事
☑よりそい

詰めるべきポイントを知っておく

- Point -

親は点数を真に受けすぎない

　テストの見直しは、やり始めるとキリがありません。復習テストで80点や90点ならばそれほど時間はかかりませんが、40点や50点の場合は考え方自体がスッポリ抜けている、あるいは理解できていない可能性大です（疲れていてミス連発ということもありますが）。このような時は、1問を解き直すにも、一から基礎に立ち返ってやり直す必要が出てきます。

　私も家庭教師を始めて間もない頃、復習テストを子どもと一緒に見直していたら、結局、先週と全く同じ授業をやって2時間終了した——ということが少なからずありました。

　私の授業は1回2時間です。その中でやるべきことは以下の4つです。

① 1週間分の計算チェック　　② テストの見直し
③ 宿題のチェック　　　　　　④ 新規事項

　この中で最も時間をかけるのは④です。

　そのため、復習テストはザッと見て、本当に必要な数問のみ一緒に見直します。公開テストは「取れるはずの問題」を一緒に選び、見直しは最大でも30分で切り上げます。

　また、子どものテストの点数は、単に理解度だけが反映されているわけではありません。体調によって、気分によっても点数は大きく変化します。それなのに点数をいちいち真に受けてすべて

見直していては、子どもも疲れるし時間も無駄です。

　家で勉強できる時間が限られているからこそ、復習テストも公開テストも、見直しにかける時間をあらかじめ決めておくことをおすすめします。

時間をかけるべき「割合」と「速さ」

　ただし、「割合」や「速さ」といった基礎概念を積み上げる分野は、入口部分をクリアしなければ次に進めません。こういった時は復習テストの見直しに時間を割きます。

　例えば、5年生で「速さ」の分野を扱う際、「単位換算」が弱い子は公式を使う前に徹底的に詰めます。ここを詰めておかないと公式を使うどころではないからです。ちなみに"詰める"とは徹底的にやり込むという意味です

　特に時間の単位換算が泣きどころ。子どもは「2時間＝〇分」はできますが、「40分＝〇時間」ができません。塾のテキストだけでは問題数が足りないので、市販の計算テキストを使って、該当ページを何巡もさせます。

　速さの公式も同様です。公式を使わなくても理屈で解ける子はサラッと終わらせますが、意味が理解できず足踏みしている子は、瞬発的に立式ができるようになるまで徹底的に詰めます。

　そこまでやっても、数カ月すると忘れているのが小学生。でも、詰めることによって身体に型が染み込むので、2巡目、3巡目になると最初ほど時間がかからなくなります。

■ 割合と速さはこのような問題がスラスラ解けないと進めない！

割合

小数	1	0.5	0.25	0.08	⑥	0.125
百分率	①	50%	③	8%	64%	⑦
歩合	10割	②	④	⑤	6割4分	⑧

⑨ 200円の3割は□円です。

⑩ 1500gの10%は□gです。

⑪ □mの7割は280mです。

⑫ □kgの65%は13kgです。

⑬ 600gの□割□分は330gです。

⑭ 120Lの□%は96Lです。

⑮ □円は800円の6割です。

⑯ □個は550個の14%です。

⑰ 98cmは□cmの3割5分です。

⑱ 84mLは□mLの42%です。

⑲ 36gは600gの□分です。

⑳ 45aは300aの□%です。

速さ

① 2km=□m

② 0.7km=□m

③ □km=150m

④ □km=30000m

⑤ 2時間=□分

⑥ 1時間15分=□分

⑦ □時間=180分

⑧ □時間=50分

⑨ $\frac{1}{4}$時間=□分

⑩ $\frac{1}{3}$分=□秒

⑪ 分速300m=秒速□m

⑫ 分速□m=秒速15m

⑬ 時速12km=分速□m

⑭ 時速□km=分速10m

⑮ 時速108km=秒速□m

⑯ 時速□km=秒速25m

上記は『AERA with Kids特別編集　算数センスを伸ばす本』（朝日新聞出版）内の企画、「子どもがスイスイわかる！　受験算数の教え方」（安浪京子監修）より抜粋。安浪先生による動画の解説もあります（「AERA　算数　動画」で検索）

答えは168ページ ⇨

佐 藤
advice

Sato

テスト結果を見ると、
一見理解しているようで
「根本的に理解していない」
ところが発見できる

□前仕事　☑後仕事
☑よりそい

「解ける」と「根本理解」は違う

- Point -

テストでの「見るべきポイント」を知る

　中学受験のカリキュラムは週ごとにどんどん先に進んでいきますが、一見理解しているようでも、テストの結果を丁寧に見ていくと、「あ、ここはきちんと理解していない」「ここを忘れているな」という項目が見つかることがよくあります。

　そんなとき、テストの中の間違えた問題だけを「付け焼き刃」的に見直すだけだと、結局根本がわかっていないのでまた同様の間違いを必ずしてしまいます。

　その場合は、少し時間と手間がかかり面倒ですが、まとまった時間でその単元を丸ごとやり直したほうが結果的にきちんと理解でき点数にも結びつくことがあります。「急がば回れ」という感じですね。

子どもはタイトルで解き方を判断する

　長女が4年生のとき、(1)「最小公倍数」(2)「最大公約数」(3)「最小公倍数と最大公約数」を学ぶ単元が順番に並んでいました。それぞれの単元に(1)「最小公倍数」とタイトルがついていますからその下に並んでいる練習問題や応用問題はすべて、《最小公倍数》で解けることがわかります。

　何といっても、《最小公倍数》の練習なのですから子どもは問題文を読んだらすぐに最小公倍数を使用して答えを出します。(2)

も同じで問題文を読んだらすぐに《最大公約数》を使って解き、その答えは全部合っているということになります。

　しかし、重要なポイントはその次の(3)なのです。(3)は「最小公倍数」と「最大公約数」を問題によって使い分ける問題がズラリと並んでいます。長女にそれをさせてみると、なんとことごとく間違えているのです。

　おそらく、長女は単元のタイトルが「最小公倍数」だからこの問題は最小公倍数を使おう、今日はタイトルが「最大公約数」だからこの問題は最大公約数ね、というような解き方をしていて、それぞれの意味を根本的に理解していなかったのですね。

　そこで、改めて《最小公倍数》と《最大公約数》の根本的な概念を徹底的に理解することを目標とし、「最小公倍数と最大公約数」の単元を最初から1問ずつじっくりやり直すことにしました。「なぜ、最小公倍数を使うのか?」「どうして最大公約数でなければならないのか?」と、一問一問立ち止まって考えることにしました。これは時間がかかり手間がかかるので面倒ですが、このような理解がなければ先には進めません。

苦手な単位換算は徹底的に復習した

　また5年生のとき、単位換算の問題でテストのたびに点数を落とすので、これも原点に立ち返ってやり直すことにしました。

　問題を解くときに様子をよく見たら、どうやら直感で解いているらしいのです。単位換算は、さまざまな単位の間を自由自在に行き来できなければ役に立ちません。

　「感覚で答えるのはダメだよ。1m=100cm というような簡単なことも一応まず書いて考えよう」と何度も言ったのですが、やはりテストのときには焦るのか書かずに考えて解答するので相変わらず間違えることは多かったのです。

　何度言っても直らないので私も覚悟を決めて、徹底的に単位換算に向かい合うことにしました。

　そこで、小4からさかのぼることにし、塾のテキスト、公開テストや復習テストに出題された単位換算の問題をひとつ残らずノートに集め、それをコピーして毎日することにしました。2カ月くらいは続けたでしょうか。

同じ問題でも、自らやり方のコツをつかんだら強みに

　毎日同じ問題でもいいのです。毎日同じ問題が並んでいるプリントをさせると「暗記してしまうのでは？」と心配するお母さんも多いのですが、何度も同じことを繰り返して「もう、覚えちゃったからすぐに答えが書ける」というまで体に染み込ませることが大事なのです。そのようにしつこくやり直したら、やっと単位換算のコツをつかんだようで間違わなくなりました。

　理解のタイミングは子どもそれぞれですし、同じ子どもでもカリキュラム通り順番に覚えていくわけではありません。ひとつずつ完璧に理解しながら前に進むというやり方は得策ではありません。ところどころ忘れてもいいので、どんどん進んでいくイメージでやるのが効率いい覚え方です。

安浪
advice
Yasunami

テストの見直しは点数と筆跡を合わせてチェック。筆跡○なら褒めちぎる

☐ 前仕事　　☑ 後仕事
☑ よりそい

筆跡は子どもの状態を雄弁に語る

- Point -
問題用紙の筆跡を鑑定

　模試や復習テストの出来は、結果を見ずとも問題用紙と解答用紙を見れば、ある程度判断がつきます。筆跡が乱れている時は必然的に点数・偏差値が低く、丁寧に書かれている時はミスが少ないからです。

　よって、テストが返ってきたら、私は必ず筆跡を見てからコメントを出します。

① 点数＝○、筆跡＝○

　点数よりも先に筆跡を褒めます。「こんなに綺麗に書けてエライ！」「だから、この点数になったんだね」のように、"丁寧に書いたから成績も良かった"ということを、これでもかというくらい、インプットし続けます。

② 点数＝×、筆跡＝○

　こちらも筆跡を褒めちぎります。「すごいじゃない、この解答用紙！」「この漢字、めちゃくちゃ上手だね」「なんて式が読みやすいの！」と。

　その後は、何を間違えたのか、ひとつひとつ検証していくわけですが、筆跡が綺麗だとミスも見つけやすいため、すかさず「綺麗に書いているから見直しやすいよね」と伝えます。

③ 点数＝×、筆跡＝×

筆跡も点数もさておき、テストをどのような状態で受けたかを思い出してもらいます。睡眠不足や疲労の蓄積、直前に親とケンカしたり受験票を忘れたり——と理由が明白ならば、「模試の前夜は必ず早く寝かせて下さい」「テスト前の親子ゲンカは点数に直接影響します」と、親子に向けてアドバイスします。こういった時は、「あまり時間を気にしないで良いから、もう一度、丁寧な字で解いてごらん」と解き直しをさせると、グンと点数がアップします。

一方、多いのが「単に面倒くさかったから」というもの。このような時も、算数ならば大問1だけを10分で、大問2を20分で、と細かく区切り、横についてずっと子どもの手元を見ていると、丁寧に書き始めます。

ちなみに、

④ 点数＝〇、筆跡＝×

というのは存在しないので、特には触れずにおきますね。

「うちの子は根本的に字が汚い、読めない」というご家庭もありますが、ぜひ、次のような解決法も採り入れてみて下さい。

（161ページの解答）

割合
①100% ②5割 ③25% ④2割5分 ⑤8分 ⑥0.64 ⑦12.5% ⑧1割2分5厘 ⑨60 ⑩150
⑪400 ⑫20 ⑬5（割）5（分） ⑭80 ⑮480 ⑯77 ⑰280 ⑱200 ⑲6 ⑳15
速さ
①2000 ②700 ③0.15 ④30 ⑤120 ⑥75 ⑦3 ⑧$\frac{5}{6}$ ⑨15 ⑩20 ⑪5 ⑫900 ⑬200
⑭0.6 ⑮30 ⑯90

筆跡が薄くて読めない	▶	濃い芯のものに変える
フニャフニャした字を書く	▶	最適な太さの鉛筆、シャープペンシルを探す
	▶	まっすぐな縦線・横線、〇や□を書いて鉛筆運びの練習をする
「とめ・はね・はらい」があいまい	▶	一人で練習させず、どちらが丁寧に書けるか親子で競争をする
ゴチャゴチャと書く	▶	広いスペースに書かせる

■ 筆跡×のテスト例

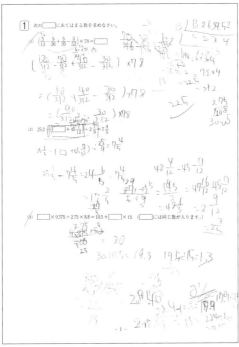

この筆跡だとどの問題の計算かわかりにくく、見直ししずらい。

「汚い字でバツ」で泣く経験も必要!?

166ページで安浪先生は「テストは結果ではなく筆跡を見る」とおっしゃっていましたが、テストでの字は私も気になることでした。丁寧に文字を書かなかったために点数を落としてしまうなんて、本当にもったいないです。とくに男の子は多いですね。6が0になったりだとか、国語の解答をつづけ字で書いて大きく減点されたりします。

わが家も、6年生になった時のテストで答えは合っているのに、ことごとく減点されているときがありました。先生に質問に行ったところ、本番で丁寧に書かないで不合格になるのは避けないといけないので、6年生では厳しく採点をしますと説明されました。そのとき私は「なるほど」と大いに納得しました。テストの本番になってしまったら「文字は丁寧にかきなさい」と声をかけたくてもできないですよね。やはり、普段から気をつけさせるべき、ということなのでしょう。

6年生になったら、答えが合っているかどうかだけではなく、本番の試験に向けて「採点者が読めるかどうか」の視点になってより丁寧な解答を作ることが必要、ということです。

私は、丁寧な解答を促すタイミングが絶妙だなと改めて感心してしまいました。6年生になり、志望校が見えてきて「もっと点数を取りたい」と子どもがリアルに感じるようになったときに、「汚い解答用紙はバツになる」という現実を突きつける。

やはり受験においては「ケアレスミスはない。バツはバツ」ですから。

本番で泣かないよう、どこかのタイミングで泣く経験も必要なのかもしれません。

4 章

過去問サポート

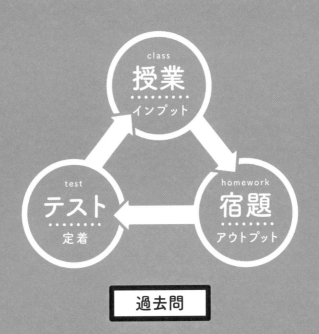

関東と関西では
入試の傾向も違う

安浪

6年生になると、いよいよ志望校を決めて、一般的には秋以降から過去問対策をしていくことになりますが、そもそも関東と関西の学校では問題の傾向が違うな、という印象はありますね。

佐藤

私は関西の学校しか知らないですけれど、関東は国語の記述が多いんじゃないかな？と思います。社会もそうだと思います。ですから、**関東は記述の準備をしないといけない**ですね。

安浪

私は「関西は縦型」で、「関東は横型」と捉えています。関西は学校が少なく、灘が中学受験を牽引しているから、算数はどの単元をとっても深くて難しい。関東は学校が多いから試験も多種多様で、どこから球が飛んでくるかわからない。**求められる技術は、関東は器用さで関西はやり込みが必要**、という感じがします。

佐藤

それはいえますね。関東と関西では受験する子の数も違うので、偏差値でも比べられないですしね。

安浪

そうですね。でも灘が日本一であることに変わりはない。

佐藤

灘は受験科目は算数と国語と理科なんですけれど、算数と理科、とくに理科は日本一難しいと思います。

安浪

よく東大生でも解けない、という話を聞きます。

佐藤

灘に限らず、入試問題って先生方が命をかけて作っているものです。その問題に対応していくにはしっかりした準備が必要ですね。

学校選びは
家庭のスタンスが大事

安浪

そもそもどこを目指して勉強するか、という話ですが。ここ数年強く感じるのは、**関東での学校選びの基準が変わってきている**ことです。例えば○○中を目指して歯を食いしばってやっていこう、という「アスリート型」の受験が減って、無理ない範囲でやっていって、入れるところに入れよう、とする「わが家型」のご家庭が増えています。

佐藤

それはいいと思いますよ。関東はそれだけ選択肢が多い、ということですし。

やはり結局は誰が何といおうと「うちはうち」と決めておくことが大事ですよね。たとえ塾が「アスリート型」の塾でもうちは行けるところに行こう、とか。

確かに親が「うちはこういう風にいく」と決めておかないと学校がたくさんある関東は逆に迷ってしまうかもしれないですね。もちろん、最初から「この学校」とは決められないから、**3つか5つぐらい決めておいて、その子が合格できるところに行こう、という感じでもいいと思います。何もビジョンも持たず、周りに流されながらやるのがいちばんいけない。**

過去問は学校からのメッセージ
対策は塾まかせにしない

前章でテスト対策のお話をしましたが、過去問対策になってくるとまたやり方が違ってきますね。普段のテストは知識を積み重ねていくための確認作業ですが、**過去問はいかに点数を積み重ねていくかというテクニックを学ばないといけない。**

そうですね。**過去問はとにかくやり込むことが大事**だと思っています。不安があった三男なんて、灘の過去問を19年分やりましたもん。

安浪

それはすごい！　佐藤さんの場合は狙いが「灘」とはっきりわかっていたのでそれができたと思いますが、そうではないご家庭は、なかなか難しいかもしれないです。しかも、ご家庭の志望校の特訓講座が塾にない場合がほとんどなので、独自の対策が必要になります。

佐藤

確かに。志望校対策は塾まかせにせず、志望校に合わせて家でやるか、それこそ家庭教師に来ていただいてやるのもいいかもしれない。

安浪

実際には過去問を始める秋口になっても基礎があやふやなことは意外に多くて、頻出分野を一から徹底的にやり直していくことも珍しくないんです。基礎がないと過去問は解けませんから。

佐藤

わが家では、最初のうちは、「どんな問題が出るのかな？」という感じで時間を決めずに1問、2問解いてみることをやっていました。**過去問は学校からのメッセージ**です。

安浪

確かに学校によって問題の傾向は違いますから、早めにザッと眺めておくのはいいですね。その中で1問でも解ける問題があれば、子どものモチベーションも上がります。

佐藤
advice

Sato

過去問の着手は
志望校の「覗き見」感覚。
学校からのメッセージを
読み取る

☑前仕事 ☐後仕事
☑よりそい

最初は時間を計ってやらなくてもいい

- Point -
メッセージを読み取るのは親主導で

　過去問は、これまでの受験について志望校が手の内を明かしてくれている問題です。それを研究しない手はありません。

　まさに「敵を知り己を知れば百戦危うからず」ということです。志望校がどのような生徒を育てたいと思っているのかも知ることができます。

　入試問題はそれぞれの学校の先生がいわば命がけで作った問題です。「こんな子どもたちにうちの学校に来てほしい」という思いを込めて作りますから、その学校の特色が出ます。それをくみとるには、子どもではできません。

過去問を1問解くことで志望校を「覗き見る」

　受験生は時間がありませんから、過去問対策は親が主導でやってあげてください。その際、親自身が「こんな問題出すんだな」と好奇心を持って見ることが大事。私はとくに灘の理科の問題を見てよく感動したものです。「小学校の範囲でこんな問題を作れるなんてすごいな」と思いました。

　一般的には、6年生の秋ごろから過去問に取りかかり始める塾が多いようですが、この頃はちょうど2学期の真っ最中で学校の行事なども忙しく、塾の授業やテストもそれまでと変わらずにあります。

　このなかで過去問を本番のように時間を計って緊張感を持って

解くのは、子どもの気力、体力ともに難しいと思います。

そこで、わが家では「本番のように時間を決めて全部解く」形式にこだわらず、6年生の秋よりも前に、早めに解き始めていました。

どんな教科でもいいので過去問をまずは1問解いてみます。志望校を隙間から覗き見る感じです。

1問でも解いてみると少しその学校の方向性が感じられます。とりあえず、これを続けているうちに、その学校の入試の特徴が見えてきます。また、過去問を解いたということが自信になって積み重なっていくのです。

まず、何年分くらい解いて本番に行きたいのか子どもと話し合ってみてください。そして、その解きたい問題数を済ませるには、いつからどのように何問ずつ取り組むかの具体策を練ることが大事です。

うちの子は、長男と次男は灘中の過去問を7～8年分、長女は洛南中の過去問を8年分解きました。

基礎力の積み上げも並行して行う

とはいえ、6年の夏～秋はまだまだ基礎を徹底的に積み上げていく時期です。夏期講習で配られた国語の「40日間完成」はとてもいい問題がまとまっていたので、ルーズリーフに貼ってリングで綴じ、何巡もやり込みました（右ページ参照）。

■ 6年夏の「40日間完成」プリントを徹底攻略

やった回数がわかるように
シールを貼りました。
振り返ってみると5〜7回やったようです

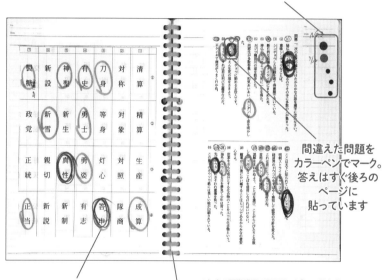

間違えた問題を
カラーペンでマーク。
答えはすぐ後ろの
ページに
貼っています

前ページの答え。よく間違う問題は
何回も印がつくので
虹色になってしまったものも

6年生の夏期講習の課題だった「40日間完成
プリント」。入試に必要な知識がギュッとそろっ
ていたので、ルーズリーフの表と裏に問題と答
えを貼ってリングで綴じ、徹底的にやり尽くしま
した。

市販のリング（148ページ参照）に
問題と解答を貼ったルーズリーフを綴じて
まとめていました。

佐藤
advice

Sato

三男は19年分の過去問で絶対的な自信をつけた。目標を決めて徹底的によりそった

☑前仕事　□後仕事
☑よりそい

過去問を
やり抜き、不安を払拭

- Point -

「これをやる」と決めたらやり抜く

　三男は先に灘中に合格していた長男と次男の存在がプレッシャーになっていたようで小6のときの成績が安定しませんでした。

　この状態を克服するには、徹底的に過去問を解いて自信をつけるしかないと思いました。

　三男のときは次のように過去問を解いていきました。

　灘中は1日目が国語、算数、理科、2日目が国語、算数という2日間の入試です。つまり1年分は国語の1日目と2日目、算数の1日目と2日目、理科、の5種類あることになります。

やるべき量を「見える化」

　19年分の問題をすべて4部ずつコピーし、科目ごとに色を変えたクリアファイルに分けて入れました。

　「これを全部やれば灘中に絶対合格できるね」と2人で話し、覚悟を決めました。

　9月1日から1回目をスタート。やり方は、本番どおりに通しでやるのではなく、今日は「国語1問と算数1問」というようにその日の気分で解いていきました。

　時間は計らず、1問10〜15分にしていました。

10月中旬に19年分をすべて解き終わり、そこから2回目です。国語の長文問題だけは内容を覚えてしまうので、2回やってやめました。

　これは思っている以上にたいへんな作業でした。分割してやるといっても、毎日の塾の宿題にプラスしてやるわけですから、こたつで解いていた三男が終わったとたん、そのままバッタリ眠ってしまったことも。

　ただ、「かわいそうだな」と思うよりも、「私も一緒にやり抜こう」という気持ちでした。一緒にフルマラソンを並走しているイメージです。

　12月の終わりに19年分を3回半解き終えたときは、「僕、来年の入試問題を予想できそう」というくらい自信をつけていました。

　4回目はさすがに全教科すべてを解いていませんが、算数だけ時間を短くして解かせていました。

同じ問題を繰り返しやり尽くす

　回数を重ねるたびに解く時間が短くなりますが、これは解き方を自分のものにしていったからこそ。本物の実力がついてきたんだと思いました。

　灘中は社会がなく、国語と算数が2日、という入試でしたが、4教科を1日でやる学校が多いと思います。

　お子さんの得意科目、苦手科目、配点などを考えて、やるべき過去問の年数を親子でぜひ話し合ってみてください。

三男の灘中過去問攻略法

 全科目（算数2回、国語2回、理科1回）、19年分の過去問を4部ずつコピー。

↓

 科目ごとにクリアファイルに入れる。

算数 1日目	算数 2日目	国語 1日目	国語 2日目	理科

それぞれ19年分×4部ずつ

↓

3 毎日2科目から1問ずつランダムに解く

1周目	5種類すべて解く
2周目	5種類すべて解く
3周目	国語以外を5〜7割の時間で解く
4周目	算数のみ解く

安浪
advice

Yasunami

「冠特訓」がない学校は独自の志望校対策が必要。子ども自身にも把握させる

☑ 前仕事　☐ 後仕事
☑ よりそい

志望校に沿った対策が合格を呼ぶ!

- Point -

志望校対策とは何か?を知る

　塾でも志望校別の対策講座がありますが、学校名をきちんと掲げた、いわゆる「冠特訓」がある学校は最難関校がメインと限られています。大多数の子はそのほかの学校を受験することになるため、塾まかせにせず、ご家庭でしっかり学校分析することが必要になります。

　過去問を分析して把握したいのは「①過去問の構成」「②頻出分野」「③問題用紙と解答用紙」「④制限時間」です。

　算数を例に見てみましょう。

① 過去問の構成

　一般的には模試と同様、「計算問題＋一行問題＋大問」で構成されている学校が多いですが、難関校になってくると、大問のみで構成されていることもあります。

　構成によって捨て問の見極め方が変わってくるため、併願校の過去問を解く前にも構成を把握しておくことは重要です。そうすることで「大問1、2は必ず解く」「全体を見て解きやすそうなものから解く」と戦略を練ることができます。

② 頻出分野

　頻出分野(ほぼ毎回出題される分野)は「お宝分野」ともいえます。頻繁に出題されるならば、万全の対策をして確実に点数につなげ

ましょう。

（頻出分野の把握方法は、188 ～ 189 ページで詳しく解説します）

③ 問題用紙と解答用紙

模試は問題用紙と解答用紙に分かれており、解答用紙に答えのみを書かせるケースがほとんどです。しかし入試問題は、学校によって問題用紙と解答用紙が一体型のもの、広いスペースに考え方を記述させるもの、狭いスペースに式と答えを書かせるものなどさまざま。また、レイアウトや文字の大きさなども異なります。

子どもは既視感のないテストにうまく順応することができません。どのような形態か必ず把握しておきましょう。

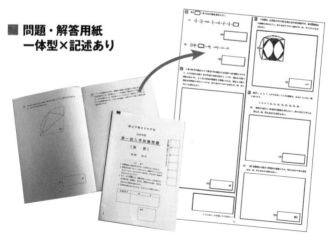

**■ 問題・解答用紙
一体型×記述あり**

鷗友学園女子の例。例年問題と解答用紙が一体型だったが、解答用紙に枠がつくタイプに変更になった。このように問題・解答用紙が変更になる場合はとくに注意が必要。

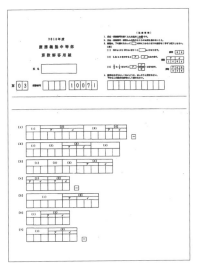

■ 解答用紙独立型×
　解答のみ

慶應義塾中等部の例。式を書かせるスペースがないので、答えのみを書けばよし。このパターンに慣れていると記述の多い学校に対応しにくくなるので注意が必要。

■ 解答用紙独立型×
　記述あり

大妻中学の例。式と答えを両方書かなければいけないが、どの問題もスペースはほぼ同じ。つまり、このスペース内に式や線分図をどう収めるかの練習が必要。

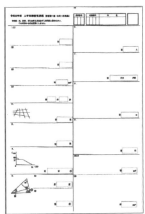

それぞれのスペースにうまく収めるには、式を端折る必要が出てくる

④ 制限時間

　算数にとって制限時間は命です。制限時間を全問題数で割ると、1問あたりにかけられる時間がわかります。見直しのできる学校とできない学校、捨て問の見極めが肝の学校など、1問あたりの時間を目安に取り組み方を柔軟に変える必要があります。

■ きょうこ先生流 志望校の頻出分野チェック

① 算数の全分野・単元を知る

算数の範囲は以下の表のように分類することができます。ふだんの授業を復習するときや、模試の振り返りのときに「この問題はこの分野だね」と親子で言い合うのを習慣化しておくのがおすすめです。

算数	項目	内容
計算（計）	計算	一般的な四則計算、□の入った計算、工夫が必要な計算、単位がからむ計算
数の性質（数）	約数・倍数	素数、約数関連、倍数関連、文章題など
	小数と分数	既約分数など
	規則性	等差数列、群数列、三角数など
	その他	概数、N進法など
割合と比（割）	基本計算	歩合と百分率、約比、連比、比例式など
	比の応用	文章題、倍数算など
	売買損益	売買損益
	食塩水	食塩水
	その他	単位あたりの量など
速さ（速）	基本計算	単位換算、公式、平均速度
	旅人算	速さの和と差
	比の利用	旅人算と比、歩数と歩幅など
	特殊な文章題	和差算、つるかめ算、坂道など
	ダイヤグラム	ダイヤグラム
	通過算	通過算
	流水算	流水算
	時計算	時計算
	点の移動	点の移動、グラフ

算数	項目	内容
平面図形（平）	図形の性質	単位（長さ／面積）、対称など
	求角	（内角／対角線など）、同位角・錯角の利用など
	多角形の求積	多角形、30度、円など
	相似と長さ	縮尺、相似3種（ピラミッド／ちょうちょう／直角三角形）、木の影、反射など
	面積比	底辺比、相似比、六角形など
	図形の移動	平行移動、回転移動、転がり移動など
立体図形（立）	立体図形の性質	単位、投影図、展開図など
	表面積と体積	柱体、すい体
	立体の応用	円すいの転がり、回転体など
場合の数（場）	書き出し	和の条件、金額作り、さいころ、道順など
	順列と組み合わせ	数字作り、選び方など
	その他	トーナメント戦、選挙など
特殊算（特）	和と差の文章題	和差算、消去算、差集め算、過不足算、つるかめ算
	割合の文章題	分配算、相当算、平均算、年齢算、やりとり算、仕事算、ニュートン算
規則性（規）	規則性の文章題	植木算、方陣算、日暦算、おまけ算
グラフ（グ）	容積の基本	内のり、容器の傾きなど
	水量の変化	入れ替え、棒入れなど
	グラフ	水量とグラフ
切断（切）	立体切断	切断面、切断個数など
その他	論理推理	など

数 割 速 平 立 場 特

➡ **基本7分野**
➡ どの学校でもよく出題される分野

規 グ 切

➡ **明暗3分野**
➡ できる子とできない子の差が出る分野

② 志望校の問題をチェックする

　分野と過去問年度で一覧表を作り、過去問をざっと読んで（解いてはダメ）、分野を判断し、「正」の字を書いていきます。大問の中の枝問も1問としてチェックしていきましょう。正の字をまとめると頻出分野が見えてきます。（表①）。また、出題内容のチェックは親が勝手にやるのではなく、子ども自身にさせること。「なぜこの分野を重点的にやらねばならないか」を腑落ちした上で勉強するか否かで、定着度が全く変わってくるからです。

①

まずは左のように「正」の字でチェック。区別がつきにくい問題は厳密でなくても、だいたいでOK。分野ごとの合計数をまとめると頻出分野がわかります。

③「お宝分野」を徹底学習

　頻出分野は、点数に結びつく「お宝分野」。該当する問題をコピーして1枚ずつルーズリーフに貼ってまとめるのもおすすめ。その学校の出題傾向がよりはっきり見えてきます。

この学校の頻出問題は
平行四辺形の相似！

安浪
advice
Yasunami

過去問をやり込みながら「捨て問」を見極める。皆ができない問題はやらなくていい

☑前仕事　☐後仕事
☑よりそい

合格に到達するための
テクニック

- Point -
「捨てる力」を身につける

　185ページでもお話ししたように、過去問対策には「捨て問」の見極め力も必要になってきます。

　「捨て問」の見極め力は、解き始めの最初に、問題ひとつひとつを以下の3つに分類することで養われます。問題をじっくり読まず、ささっと見て判断することがコツです（このとき、目標は1分以内）。

○ 解けそうな問題

× 解けないだろうという問題（捨て問）

△ 頑張ったら解けるかもしれない問題

　実際に解くときは○の問題からスタートして、△の問題に移り、×の捨て問には手を出しません。×を切り捨てて問題数を減らすだけでもずいぶん心がラクになります。「捨て問」を見極める、ということは「合格するためには満点は必要ない。取るべき問題をしっかり取る」ということをしっかり身につけるためでもあります。

　○の問題は一般的には前半の計算問題、一行問題などの小問群、大問の（1）などがあてはまります。ただし、小問群にはときどき難しい問題も含まれていることがあるので、そこに時間を取ら

れない心の強さも鍛えていきます。

合格最低点に届かなかったときの見直し法

答え合わせをしてから間違いを見直すときも、○と△を基準に見直していきます。

もし、○と△を全部正解しても合格最低点に届かなかったら、まだその過去問を解く段階まで力がついていない、ということです。

合格最低点に届いていた場合……○の問題の中で間違ったもののみ見直しをすればOKです。

合格最低点に届かなかった場合……○の問題を、再度解説を見ないで解き直し。再度間違っていたら解説を見て解き直す。

△の問題で間違ったものは、解説を見て解けたらそれは○に近い△ですから、次回似たような問題が出たら確実に解けるようにします。

解説を見てもわからなかったら×に近い△。それは「捨て問」になります。

もちろん、このような見極め力は一度ではできませんから、何度でも繰り返しやっていくことが大切です。

普段の模試でも、○×△をつけて慣れておくのがおすすめです。

捨て問見極め力のつけ方

❶ 問題をざっと見て、○と×の印をつける

○ 解けそうな問題

✕ 解けないだろうという問題（捨て問）

△ 頑張ったら解けるかもしれない問題
※わざわざ△をつける必要はない

❷ ○の問題に取り組む

❸ △の問題に取り組む

ポイント

■捨て問を選んで解く総量を減らし、心の負担を軽くする

■確実に取る問題（○の問題）に集中する

■△で間違ったものは、○に近いものなのか、×に近いものなのかを見極める

「詰める」作業なくして点数は上がらない

　大手塾で教えていた際、子どもの宿題ノートをチェックしていると、グングン伸びていく子のノートやテキストは一目瞭然でした。それらに共通するのは「詰めている」ということ。「詰める」というのは、理解できるまで徹底的にやり込んでいる、という意味です。

　宿題ノートならば、「間違えた問題を自分で解き直す→わからなければ解説を写す→さらにもう一度自力で解く」ができています。逆に言えば、ほとんどの子が、間違えた問題をそのままにしていたり、答えを写しておしまいにしている、ということです。

　テキストも、詰めている子はテキストに書き込みがビッシリです。とくに理社の知識分野だと「こんなところまで覚えているのか」とこちらが感心するほど。「そこまでやれば、公開テストで何を聞かれても答えられるよね」と納得しかありません。

　佐藤さんのお話は、どれも「詰めに詰めている」ものばかりだと感じます。中でも179ページで紹介されている6年生夏期講習の「40日完成」のノートを見た時に「あぁ、これこれ！」と思いました。1ページに28問の漢字が載っているのですが、それを一体何巡したのか……間違えた問題に毎回違うカラーペンで印をつけているのですが、佐藤さん曰く「同じ問題ばかり間違えるのよ」とのことで、たしかに同じ単語に何色ものペンでチェックがつけられています。徹底的な詰め作業です。

　詰めるのは、私の授業でも同様です。教え子の弱い部分は、徹底的に詰めます。過去問対策に入ったときは、手を広げすぎず、頻出分野を徹底的に詰めて仕上げていきます。漫然と勉強するのではなく、「詰めるべきところを詰める」。中学受験は常に選択と集中です。

5 章

その他のサポート

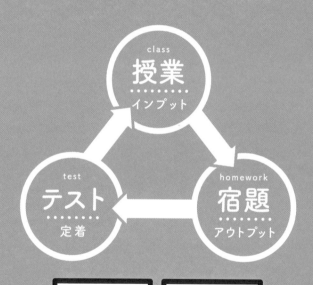

中学受験をさせるか、 公立中に進むか

安浪 今までおもに中学受験の話をしてきましたが、読者の方にはするかしないか迷っている方もいると思います。そんな方への参考になるような話ができればと。そもそも佐藤さんは最初から中学受験をさせようと思っていたのですか?

佐藤 最初の長男のときは、灘なんてどこにあるか場所もわからなかったぐらいなんです。ただ、将来を見通して考えたときに、中学受験のほうがベターかな?という思いはありました。というのも、**公立中学から高校受験をするとなると「内申点」が重要になり、この「内申点」は先生の主観に左右されることがあると聞いたことがあったから**です。

安浪 確かに、わが子が内申点が取れるかどうか心配だから中学受験をさせたい、という親御さんは一定数いますね。

佐藤 あとは中、高における英語教育でしょうか。英語って3年、3年で区切るのは効率が悪いんです。暗記力が高い中学校のうちに負荷をかけて単語などはどんどん覚えたほうがいい。高1になると高校文法が入って

ぐっと難しくなる上、さらに覚える単語も増える。中学までは英語が得意だったのに、高校で苦手になりました、という子は多いんですね。

安浪

佐藤さんは英語の先生でしたもんね。

佐藤

2年間だけですが高校で教えていました。なので、**英語は中・高6年間通しで勉強していったほうがいいな**、と。

安浪

ただ、中学受験をさせたいと思ってもみんながみんなその適性があるか、というとそうではない。私の仕事は家庭教師なので、何もしてこなかった男の子を小4になって突然、「中学受験をさせたい、しかも開成に入れたい」といったような無理難題もくるわけです。

机に座っていられない子も
徐々に鍛えられる

佐藤

やはり小学校に入るまで何もしないで入学しました、机に座っていられません、みたいな子は中学受験は無理でしょう。

安浪

「学習体力」っていうんでしょうか。机の前に座っていられるかどうか、というのもわかりやすい指標です

ね。教えていると顕著なんですよ。この子すごいノッてきたと思っても、30分しか持たない子もいるし、同じ密度でも1時間半くらい続けていける子は、「この子けっこう学習体力あるな」って思います。**でもそれは生まれ持ったものではなく、鍛えられるんですよ。**急には無理ですが。

親って「これくらいできるでしょ」ってよく言うけれど、昨日まで全然やってこなかった子にいきなり30分、とか無理ですよね。だから私は「まずは3問やったらどうですか」って言います。「3問もね、10日やったら30問になるでしょ」って。学習体力は鍛えられる。

学習体力をつけるには
親子会話が大事

大事なのは「少しずつやらせる」ということと、あとはやっぱり親子の会話が重要かな、と思いますね。佐藤さんのところはたくさん会話してそうですが。

ああ、会話。確かに重要です。

語彙力を増やすこともそうですが、**自分の意見を形にしながらコミュニケーションをしていくことが本当に大切**で。それをやっていかないと、「わからん」「うざ

い」って単語で終わっちゃうんです。それだと思考を深めていけないんです。スマートでなくても、一生懸命相手に伝えようとする子って算数でも逃げ出さずに考えることができる。

うちでは私がリビングで新聞読むと、それぞれの子どもの年に合ったネタをいちいち言っていましたね。8月の戦争ネタは鉄板でした。**だから子どもたちは、ママはどんな考えをする人かよく知っている**。ママはこういうことは嫌いだってよく言うね、とか。

素敵ですね！逆に親子会話が少ない家庭って指導に行っても殺伐としている。

どんな科目でも思索って必要ですからね。深く考えるってことですから、すべての科目に関係するんです。そこらへんを親が気をつけてほしいですよね。親がもっと思索してほしいですよね。

そうですね。ただ「思索しなさい」と言っても無理なので、**親が「なんでだと思う？」「あなたはどう思う？」など、ふだんの会話で自然に子どもの意見を引き出してあげて欲しいと思います。**

安浪
advice

Yasunami

多様化する入試に対応するためにふだんの親子会話がより重要に

☑ 前仕事 ☐ 後仕事
☑ よりそい

親が会話のボールを投げ、
きっかけを作る

新タイプ入試は子どもの潜在能力が問われる

　今、中学入試の入口は多様化しています。国語、算数、理科、社会といった教科型入試のほかに、「適性検査型入試」「思考力入試」「アクティブラーニング型入試」「グループワーク型入試」「自己アピール入試」と、年々種類が増えています。

　新タイプ入試は、子どもの潜在的な力に光を当ててくれます。自分の得意なことを評価してもらえるならば、これほどありがたいことはありません。

　しかし、これらの入試は教科型入試以上に「自分で考える力」「書く力」「話す力」が必要になります。

　2021年度の入試問題を見てみましょう。

　例えば、従来型入試の麻布中学の理科。

　Q. 身のまわりの電気製品のうち、電子レンジは電気の供給源がコンセントです。電池ではなく、コンセントを供給源として採用した理由を簡単に説明しなさい。

　聖学院中学の思考力入試。

　Q. あなたが「ついうっかりやってしまう失敗」は何ですか？ブロックを使って表現してください。また出来上がった作品について、「いつ、どこで、誰に、何を」を入れて150字程度で説明

をしてください。

　大妻多摩中学の適性型思考力入試。

　Q.（前略）あなたが東北地方の復興に関わるならばどのような企画案を考えますか。具体的な事例を挙げて、200字程度で説明しなさい。

　「3Rを答えなさい」ならば「リユース／リデュース／リサイクル」と覚えた単語を書くだけで良いですが、難関校の従来型入試や適性型入試、思考力入試はそれだけでは太刀打ちできません。グループワーク型入試、自己アピール入試でも、相手に伝わるように話す必要があります。

　最近の子は会話が単語だったり、主語がなかったり、「てにをは」がめちゃくちゃでも平気です。読書好きな子は語彙が豊富で正しい文章にも触れていますが、他人にわかりやすく話すこととはまた別です。

　入試問題であれ何であれ、相手に伝わるように話す、書くというのは、親子の会話が原点です。また、思考力は会話を掘り込んでいくことによって培われます。

　はじめは「今日、先生が怒ったんだよね」程度しかボールが飛んでこなくとも、「どうして？」「どんな風に？」「どう思った？」と親が適切に質問をし、どんどん話を掘り込むのを習慣化しましょう。

安浪
advice
Yasunami

中学に入ってからの
成績は入試後の
過ごし方で決まる。
親も急に手を放さないで

☐ 前仕事　☐ 後仕事
☑ よりそい

合格はゴールではなく
中学生活のスタート!

学習習慣は必ず継続させる

　受験が終わると、平穏な日々が戻ってきます。入試直前期は1日何時間も勉強し、内容も高密度だっただけに、パタッとすべてがなくなります。

　中には急に勉強をしなくなる日々に不安を持ち、それまでの計算を自主的に継続したり、塾からもらった中学準備用教材にすぐ取り掛かる子もいますが、それは稀なケース。友達と遊んだり、ずっと我慢していたゲームをしたりと解放感にひたる日々を送る小学生がほとんどです。

　しかし、学習習慣はすぐに崩れてしまいます。また、入試が終わってから入学式までの2カ月で、それまで蓄積した知識があっという間に抜けることも珍しくありません。

　中学・高校と勉強はずっと続いていくわけで、入試前ほどの勉強は必要ありませんが、学習習慣だけは崩さずキープする必要があります。

　私は毎年、入試の終わった教え子たちに「入学式までに終わらせておいてね」と、中1数学の計算問題集を送ります。受験算数と異なり、数学は親でも教えられるので「わからないところはご両親に聞いてね」とも伝えます。

徐々に手を放す

　今までは過密な塾のスケジュールに合わせ、自ずとやることが決まっていました。

　また、親がスケジュールを作って徹底管理していたご家庭もあると思います。しかし、思春期を迎える子どもに親が干渉し続けることはできません。

　「いつまでに何を勉強すべきか」を自分で考えて取り組めるよう、親も徐々に手を放していく必要があります。ただ、突然手を放しても子どもは途方に暮れるだけです。

　中学入学を機にすべての勉強サポートから手を引いても良いのは、中学受験期もある程度自主的に勉強を進められていた子だけ。最初の中間テストまでは、どのように取り組めば良いかを親子で一緒に考えてあげましょう。

中1の1学期が勝負

　大学入試までの6年間は非常に長く、その間、どこまでコツコツ勉強できたかが鍵を握ります。どのような努力をすれば中間・期末テストで点数を取れるか、それを知るためにまずは最初の中間テストに向けて全力で取り組む事が大切です。

　1学期のうちは、ある程度、入試時の順位に比例する事もありますが、中学受験の貯金はせいぜい持って中1の夏ごろまで。コツコツ続けられる子が努力しない子を追い抜いていきます。その習慣づけのために、最初の中間テストに全力投球しましょう。

佐藤
advice

Sato

公立中進学なら
内申について
早めに調べておく。
勉強以外にも影響する

☑前仕事　□後仕事
☑よりそい

中学3年間は早い!
早めの準備がカギを握る

- Point -

高校受験でも早めの準備を

公立中学に進学すると、3年後に必ず高校受験があります。高校受験では内申書が重要です。それぞれの都道府県で、内申書についてどうなっているかを調べなければなりません。そのために、中学に入ったらすぐ、内申書の取り扱いについて担任の先生に聞いておくといいでしょう。

ふだんの生活も内申にかかわる

例えば、内申書と当日の試験が5:5の学校もあります。こういった学校は、本番の試験でどんなにいい点数を取ったとしても、内申点との総合点で判断されるので、要注意です。内申点は定期テストの点数と提出物を期限までに提出しているか、それに日ごろの授業態度などが重要視されます。

中学校生活の活動状況も内申書に書かれますので、生徒会に入ったり、部活動やクラブ活動に積極的に参加するのもいいと思います。

ただし、勉強に時間を割きたい、公立のトップ高校を狙いたいというお子さんは厳しすぎる部活を選ばないほうがいいかもしれません。部活動で学ぶことはたくさんありますが、高校入試までの時間は限られています。朝練や土日に試合が入るなど、どうしても時間をとられてしまい、体力も消耗することになってしまい

ます。

　ただし、運動することで気分がリフレッシュされて勉強も頑張れるというお子さんはその気持ちを尊重してあげることも大切なので、お子さんとよく相談してください。

中1のスタートダッシュが大事

　前項での安浪先生のお話と同じになりますが、私も、高校受験で成功するためのキーポイントは、何といっても中学1年の1学期の中間テストだと思っています。そこをうまく乗り切るかどうかでその後の成績に大きく影響します。つまり、スタートダッシュが大事なんですね。

　中1の中間テストで点数が悪いと、ガクッとやる気をなくしてしまい、そのままの流れで期末も悪い。そして夏休みの宿題がたくさん出る、夏休みが終わったらすぐ2学期の中間テストと、中学生活はとにかく慌ただしくてあっという間です。

　最初が悪いとそれが重なって悪循環が生じてしまいます。そうならないように、中1の最初の中間テストでいい点数を取り、高校受験に向けていいスタートを切りましょう。

　提出物は、男の子はつい忘れがちなので気にかけてあげてください。思春期になるので、親にあれこれ言われると嫌がるお子さんもいるかもしれません。その場合は、担任の先生に面談で「提出物を出していますか」と聞いてみるのもいいですね。

佐藤
advice

Sato

公立中進学なら
大学入試も見据えた
英語の先取りが
おすすめ!

☑前仕事　☐後仕事
☑よりそい

とはいえ、全教科の土台は国語です!

中学受験の勉強がない時間を英語に充てる

　公立中学から公立高校を目指す人は、高校受験に集中しがちですが、その3年後、大学受験で全国の受験生と戦わなければなりません。

　私立中学に進み、高校受験がない子たちは、中学校のときから6年後の大学受験を見すえています。その子たちと戦略的に戦うポイントは英語だと私は思っています。

　わが家の場合、子どもたちは皆、中学に入ってから英語を本格的に始めました。日本語力こそ全教科の土台。日本語の能力をつけて、思考力を育成しなければいけない時期に英語にかなりの時間をかけるのはムダだと思ったからです。

　公立に進むのなら、中学受験はないのですから小学校は6年生まで受験塾に通う必要がないので時間があります。この時間を何に使うか。それは英語です。

　中高一貫校は6年間で育て上げますから、特に数学の進度がかなり早いのです。大学受験では、中高一貫校の子どもたちと競わなければならないのですが、この数学になかなか対抗できません。

　数学の先取りは、公立中学では高校受験があるのでできないのです。そうなると、公立中学の子どもにとって、高校受験の邪魔にはならず、なおかつ高校受験や大学受験に役に立つものは英語の先取りということになります。

　公立中学の子どもは、なんといっても高校入試に合格することが先決なので、焦点は高校入試に合わせますから、高校生の3年間で大学入試に備えることになります。

　そのときに、数学も英語も3年間で仕上げないといけないのは、なかなか大変です。

　だから、英語を早めに始めておくといいと思います。

大学入試も英語の総合力が必要になっている

　幼児期からの英語教室、小学生の英語教室などを積極的にやっておくといいですね。そうすると、中学に入ってからラクですし、英語の知識は邪魔になって困るということはありません。英検などの試験を目標にして、モチベーションを高めていくのもいいですね。

　できれば、中学3年生で英検2級を取るくらいのつもりでやるのがいいと思います。

　そうすると、中学受験をした子と比べても、高1の時点で英語は差がついていないことになります。

　2021年1月から、「大学入学共通テスト」が始まりました。

　英語の問題は、「読む」「聞く」が重視されていますので英語の実力の強化は必須です。

佐 藤
advice

Sato

あらゆる受験に生きる 親子の新聞トーク。 自分の頭で 考えられる子に育てる

☐ 前仕事　　☐ 後仕事
☑ よりそい

親子会話で子どもの思考力は伸びる!

- Point -
時事問題に強くなる

　今の入試は、中学受験から大学受験まで時事問題が入ってきています。国語の入試問題を見たことがありますか？　ひと昔前の入試のように、漢字や文法ができていたらそこそこ取れるという時代ではもうないんですね。論説文はとくに、ここ数年の間に実際起こった出来事から出題されているので、その出来事自体を知っておかないといけません。

　例えば、環境問題について知識がある子とほとんどない子が、入試問題で「海洋汚染」についての論説文に出合ったとき、どちらの子のほうが心に余裕が持てるでしょうか？　言うまでもないですよね。

　いまや、時事問題抜きでは入試を乗り切ることはできません。そこで必要なのは日ごろから新聞を読んで時事問題について親子で話をするということ。1日10〜15分で構いません。政治や国際問題などの難しい話題でなくて大丈夫です。身近な問題をお茶の間の話題にすることを日常にするといいと思います。

やっぱり新聞がいいわけ

　なぜ私が新聞をおすすめするかというと、新聞は政治、経済、国際、スポーツ、地域の話題などさまざまなジャンルの記事を一度に見ることができるからです。

全部読まなくても、見出しを読むだけで頭に入りますし、そこから興味あるものを拾うことも可能です。今の時代に何が問題となっているのかは把握しておく必要があります。

私は投書欄が好きで、よく読んでいました。これを読むと、「いろんな人がいて、それぞれがそれぞれの意見を持っているんだなあ」ということがリアルにわかります。

それをもとに、「今日新聞でこんな投書があったんだけど、どう思う?」と子どもたちと話したりしていました。

「お母さんはこう思うけど、どうかな?」と意見を聞いたりするとけっこう盛り上がったりします。

これはうちでは幼稚園から高校生までよくやっていたことです。

コツは子どもに新聞を読みなさいと言うのではなく、親が読んでそれをもとに子どもと話をすることです。

地理にしても、日本全国に行くことはできないので、新聞を読んで「この事件はここであったんだね。遠くないね」と場所を調べることで身近に感じることができ、地名も覚えることができます。

「耳学問」で読解力もつく

子どもにとって親の会話から得る「耳学問」って大事です。私もよく子どもたちから「なんかよくわかんないけどママがごちゃごちゃ言うから覚えちゃった」と言われていました。耳学問を子どもが頭の中で熟成させることで読解力にもつながります。

　また、時事問題については、自分の考えを何かひとこと言えるようになるといいですね。「コロナについてどう思いますか？」という質問に「大変でした」だけではなく、どう大変でそれについてどのように思ったのか、が言えるように。

　こういう問題に正解はありません。「あなたはどう考えましたか」と問いかけ、考えさせることが大事で、自分なりの答えを言える子どもに育てることが必要です。これはある程度、練習を積まないとできません。

　これを小学生のうちにやっておくと、大学入試にも生きてきます。今は、時事問題を知らずに合格はありえません。驚くほどに時事問題が出題されています。環境問題、高齢者問題、雇用問題、今なら新型コロナウイルスなど、そういった社会問題を自分の頭で考えられる生徒に来てほしいという大学のメッセージなのではないでしょうか。

-終章対談その①-
学問に王道なし、
受験に王道あり

安浪

今回佐藤さんと受験についていろいろお話させていただきました。私自身、改めて発見が多かったですね。とはいえ、受験勉強というとやれ詰め込みだ、やれ子どもがかわいそう、という声を聞いたりしますよね。

佐藤

そうそう。ピアノやサッカーなどはビシビシやらせていても言われないのに、勉強をしっかりやらせようとすると「かわいそう」って言われてしまう。

安浪

時代は変わっても、人生どこかのタイミングで受験をすることがまだ多いのは事実です。やはり**子どもが過度に受験を怖れないメンタルを作っておくこと。受験をやり抜くための技術を知っておくことは必要**だな、と。

佐藤

そもそも学問を究めるのと受験は別のものです。例えば大学でやるような研究は先が見えなくても続けなければいけないし、ゴールがいつになるかもわからない。広い荒野を歩くようなものですよね。でも受験は12歳、18歳とゴールすべき時期が決められているし、やることの量もだいたい決まっている。
そもそもノーベル賞はいくつになって取ってもいいですし（笑）。

安浪

今のお話を中学受験に落とし込むと、受験勉強に役立たせたいと学習漫画を与えたり、大河ドラマを見せたりということはあると思うのですが、それで理科や歴史に興味を持ったとしてもそれはどちらかというと学問のほうの興味かな、と。**興味を持つのと受験の入試問題が解けるかどうか、って別**なんですよね。

佐藤

テストで点を取るには技術が必要ですからね。大好きな学習漫画を何十回も読んだ、っていう体験はすごくいいことだと思います。でも読んだからと言ってそれがテストでそのまま出るとは限らない。つまり興味があっても点数は取れない。1問1答とかの問題集を解いて初めて成果がでるんですよ。

安浪

そう。ある程度、型にはめた勉強も必要になりますよね。

受験には
泥臭い努力も必要

佐藤

前にも「学習体力」という話がありましたけど、**その中心になるものは面倒くさくて、泥臭い勉強だと思う**んですよ。計算と漢字もそう。それが一本中心にないと学習漫画を読んでも、ためになるテレビを見ても、「あー楽しかった」で終わりますから。

安浪

何にも興味がない子にいろいろやらせたり見せたりするのは大事ですが、それと点がとれるっていうのは別ですって話ですね。

佐藤

泥臭い、面倒くさいっていうことを回避しようとしても受験には無理かな、と。

安浪

たまに地頭のいい子っていうか、センスのいい子っていて、5年生くらいまでは要領よくチャチャッといくんですよ。このまま順当に勉強をすすめていけば、中学受験も最難関の学校に合格できるだろうって思う子でも、最終的に泥臭い努力ができない子は必ず成績が下がっていきますね。

佐藤

そうですね。ただ、泥臭い努力をしなさい、と言ったところですぐに出来るものでもないです。**目の前にいる子がどうしてやらないのか、なぜ点が取れないのかを追求して、見つけてあげることが大事**。そこまで子どもに寄り添ってサポートできるのってやっぱり親しかいないです。

-終章対談その②-
夫婦関係が
中学受験に与える影響

安浪

最後に佐藤さんには夫婦関係の話を聞きたいんですよ。例えば、学校選びで意見が分かれるとか、勉強のさせ方で意見が分かれるとか。そういう子どもの受験における夫婦の問題……。

佐藤

うちは意見が分かれなかったですね。私が100で主人が0だったので（笑）。

安浪

講演会で質問された場合は何て答えるんですか？

佐藤

お父さんとお母さんが**二人頑張ると船頭が二人いることになってごちゃごちゃになるんで、やっぱりお母さんを主にして下さいって言います**。お母さんが働いていても。たとえお母さんがプリントの整理とか何にもしていなくてお父さんが全部やったとしても、お母さんが主でリーダーで、お父さんは手伝っているっていうパターンがうまくいくと思っています。

安浪

今は父親のほうが完璧にやっている家庭も増えてます。

佐藤

そういうときはお母さんは、お父さんのやり方や成績のことは口を出さないほうがいい。

安浪

夫婦仲が悪いと、塾に入れて、お母さんが「勉強しなさい」というそばで、お父さんは「そこまでやらせる必要はない」とか言ったり、子どもを遊びに誘ったりして何かと邪魔をする。

佐藤

あー。それはあるあるですね。

安浪

そうすると子どももどうしたらいいのかわからなくなり、全力でがんばれないんですよね。子どもはどちらにも嫌われたくないから。

佐藤

最終的には子どもがお母さんを信じてついてくるようにしなきゃいけないので、途中でじゃまが入った時には、父親だろうがなんだろうが断固として拒否する、闘う。遅くまでかわいそうとかごちゃごちゃ言われるのは、大きなお世話なんですよ。そういうことに気を取られないように一直線にいかないとダメです。もちろん、一直線になる際の方向性を間違えたらいけないので、ときには「このやり方でいいのかな」ってお母さんも内省が大事ですよね。

安浪

最初はね、勉強やれやれっていうお母さんのことを子どもはうざがるわけです。で、直前期になると、今度は夫婦が本格的に衝突し始めて、お父さんの怒りの矛先が子どもにいくこともある。そのときに、全力で我が子を守る母親の姿を見た子どもは、お母さんのい

うことをだいぶ聞くようになってきたりしますね。命
かけてこの子を守るっていう姿勢をみせることで、夫
婦の関係は壊れたままだけど、母子の絆は深まる例は
多かったです。全力で子どもを守るっていう。

佐藤

そうなんですよ。だからね、私、白クマのお母さんな
んかすごいなと思って。全力でひとりで子どもを守る
でしょ。あれが理想です(笑)。

安浪

特に中学受験の小学生なら全力で守ってあげたいで
すね。

佐藤

私、18歳まで全力で子育てして、役目が終わったら
「じゃあね」と勢いよく去っていきたいと思っていた
んです。鮭のお母さんのように。

安浪

白クマと鮭。深いです(笑)。

おわりに

　この度、「中学受験のカリスマ」として有名な安浪京子先生との共著が実現いたしました。自分のこどもを4人育てただけの私にとって、数多くの生徒さんと接してこられた経験豊富な安浪先生とお話しできるのは大変有意義で楽しいことでした。

　私が世に出たのは、3人の息子が東大理科3類に合格して初めての本を上梓したのがきっかけでした。まだ、高校生の末の娘が残っておりましたが、講演会やテレビ出演などをさせていただき、その後、娘も東大理科3類に合格し、26年間の専業主婦での子育てが終わりました。世に出た初めの頃、私の子育てに関してはあらゆるところで賛否両論でした。私にとっては非常に楽しい子育てだったのに、予想外の世間の反応に驚いたと共に、勉強が嫌いな子ども、子育てに疲弊しきっている保護者の多いことが不思議でまた心配になりました。

　本来子どもは知りたがりで学ぶことが好きだし、可愛い子どもの子育ては幸せいっぱいのはずなのに、そうではない親子が多いのはなぜなのだろうと考えた時、やはり方法論が間違っているのではないかと思い当たりました。

　私は、4人の子どもたちのそれぞれの性格や好みに合わせながら、手探りで確立してきた方法で子育てをしてきました。長男に合ったやり方がうまくいったからといって、そのままの方法がその他の子に合うかというとそのようなことはない場合が多いので

す。なかなか一筋縄ではいかないのですが、そこは子育ての難しさでもあり、実は楽しさでもあります。私は、それぞれの子どもの個性に合わせてやり方を変えましたが、その子にピッタリと合った方法を見つけた時には、「やった〜」と嬉しく思ったものです。それで、私が考えた方法は数知れず、ということになります。この度、安浪先生とお話ししながら、他のお子さんにもお役に立ちそうなやり方を厳選してこの本にまとめました。

　プロフェッショナルの安浪先生と何度もお話しさせていただくうちに、私のやってきたことも普遍的なものでもあると気が付き胸を張ることができましたのは、安浪先生のおかげです。

　よく保護者の方から「やる気スイッチ」はどこにありますか、と聞かれます。やはり、それはなんといっても「楽しさ」ではないでしょうか。やるべきことからは、決してのがれられないのですから、なんといっても「楽しくやる」ことしか対応策はありません。

　この本では、とにかく「楽しく」できる方法を具体的に説明いたしました。ひとつずつでも日々の生活に取り入れていただき、ぜひ親子で笑顔で学ぶことに取り組んでいただけたら幸いです。

　最後になりましたが、この本の出版にあたりまして、安浪京子先生、編集の江口祐子さん、そしてこの本の制作にご協力いただいた皆様には心より感謝申し上げます。

佐藤亮子

▎佐藤亮子 （さとう・りょうこ）

大分県で高校まで過ごし、津田塾大学へ進学。卒業後、大分県内の私立高校で英語教師として2年間教壇に立つ。結婚後、夫の勤務先である奈良県へ移り、以降は専業主婦。長男、次男、三男の3兄弟がそろって、灘中・高等学校に進学。大学受験では東京大学理科3類（通称「東大理III」）に合格。長女も洛南高等学校附属中学、洛南高等学校に進んだのち、東大理IIIに現役合格。その子育て法と受験テクニックに注目が集まる。
著書に『佐藤ママの子育てバイブル 学びの黄金ルール42』（朝日新聞出版）など多数。

▎安浪京子 （やすなみ・きょうこ）

株式会社アートオブエデュケーション代表取締役、中学受験専門カウンセラー、算数教育家。神戸大学発達科学部にて教育について学ぶ。関西、関東の中学受験専門大手進学塾で約10年、プロ家庭教師として約20年算数を教える。中学受験、算数、メンタルサポートなどに関するセミナーを多数開催、「きょうこ先生」として多くの親子の支持を得ている。中学受験の悩みを解消するコミュニティーサイト「中学受験カフェ」の運営もしている。
著書に『中学受験 最短合格ノート』（朝日新聞出版）など多数。

親がやるべき 受験サポート

2021年4月30日 第1刷発行
2022年5月30日 第6刷発行

著者 佐藤亮子 安浪京子
発行者 藤井達哉
発行所 朝日新聞出版
〒104-8011 東京都中央区築地5-3-2
電話 03-5541-8555（編集）03-5540-7793（販売）
印刷所 大日本印刷株式会社